史跡草津宿本陣

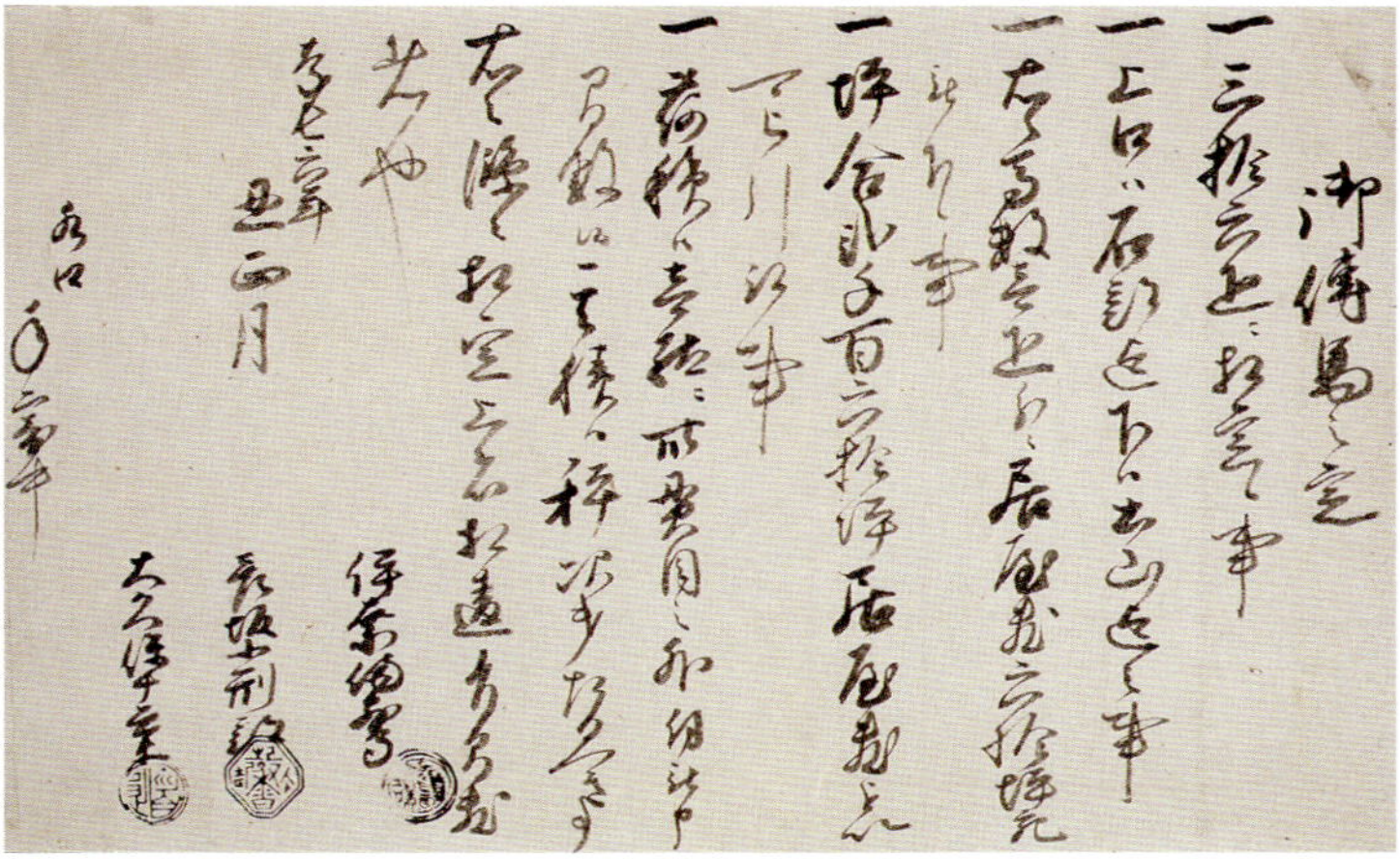
慶長６年水口宿御伝馬之定（甲賀市水口歴史民俗資料館蔵）

歌川広重画「東海道五十三次之内水口」（草津市蔵　中神コレクション）

五雲亭貞秀画「東海道五十三次正景」（部分）（草津市蔵）

淡海文庫 43

近江の宿場町

八杉 淳 著

SUNRISE

発刊に寄せて

成安造形大学学長　木　村　至　宏

近江は、地形的に東日本と西日本の結節点に位置し、日本のなかでも比較的早く開け、古代から豊かな歴史と文化が醸成されてきた。なかでも、そのおもな要因を強いてあげると、東西南北を走る街道と日本一大きな琵琶湖の存在、そしてそれを取り囲む美しい山々にある。

とくに、近江を通る街道のなかで旧東海道と旧中山道は、日本を代表する幹線道で、近江の歴史の構築に大きな影響を与えたことは記すまでもない。この二つの街道とそれに通じる諸街道を含めて近江が、「道の国」といわれるゆえんであろう。

ところで、このたび八杉淳さんが長年にわたって研鑽を重ねてこられた研究分野の一つ、街道と宿場についての成果として本書を出版された。本書ではおもに東海道と中山道の合流点にあたる草津宿をはじめ、街道の諸宿場町の概要、形態、機能などを中心に簡潔に解明されている。

八杉さんは、休日を利用して現地に幾度も足を運び確認した成果を、研究者の立場から興味深く紹介し、歴史のなかで果たしてきた役割も記されている。「道は文化の伝播者である」というのは、わたくしの持論である。本書によって近江の街道と宿場が生んだ文化の諸相について、新たに多く教えられた。

本書は、近江の歴史と文化を広く理解するためには、格好の書物であるといえるだろう。

近江の宿場町●目次

三　宿場町の通行と休泊

四　東海道の宿場町

五　中山道の宿場町

本文中に使用した写真中、現況風景以外の、特に所蔵を記していないものは、全て草津市の所蔵である。なお、写真についても提供いただいた。

近江の東海道と中山道

近江は古くから東日本と西日本、さらには日本海側と太平洋側を結ぶ位置にあり、江戸時代に限って見ても、幕府道中奉行が管轄する五街道のうち、東海道と中山道という東西を結ぶ幹線路が通り、若狭や越前と京都をつなぐ北国《ほっこく》街道（海道）、近江と伊勢とを結ぶ八風《はっぷう》街道などの道筋が琵琶湖を囲むようにして通っていた。

織田信長は、永禄十一年（一五六八）九月、足利義昭を奉じて上洛。信長のおかげで将軍職についた義昭は、信長の功に対して近江・山城・摂津・和泉《いずみ》・河内の五カ国の知行を与えたが、信長はこれを辞退して和泉堺（堺市）と近江の大津、草津に代官を置くことを願い出た（『足利季世記』）。これは、大津が湖上交通の拠点であり、かつ北陸・東山道諸国からの物資の集散地であること、また草津が中世以来の交通の要地であり、比叡山や湖南一帯に普及してきた一向宗に対する戦略的な意味合いをもつものであった。さらに大津と草津の間には瀬田唐橋《せたのからはし》が架かり、東西交通の要で、そのうえ京都の至近にあって喉もとを扼《やく》す重要な位置として、誰もが注目をするところであった。この瀬田橋を、信長は天正三年（一五七五）、九〇日間で架け替えさせたが、次の豊臣秀吉は、この瀬田橋を上流の現在のところに移し、中の島を利用した双橋に架け直したとされる。「瀬田橋を制するものは、天下を制する」といわれたように、天下一統を目指す信長、秀吉は瀬田橋に注目するとともに、近江の地が交通の要衝としていかに重要であるかを認識していたのである。

さらに、徳川家康は関ヶ原合戦で勝利を収めた翌年の慶長六年（一六〇一）に東海道を、慶長七年には中山道を整備した。江戸に幕府を開く慶長八年に先駆けてのことである。東海道と中山道という、二大街道が通過する近江の地は、将軍上洛や参勤大名、さらに幕府の役人や朝廷の使者、御茶壷や琉球使節などの公的通行とともに、一般庶民の通行も多く見られた。人やものが動くことで、人が持つ情報や文化もあわせて移動することであり、今日のような電子媒体が発達していなかった当時、情報・文化の伝播の媒体は街道を通って旅する人々であった。近江の地は、全国的な街道が通過し、街道に設けられた宿場町には、多くの情報や文化がもたらされた。たとえば、東海道と中山道の合流点にある草津宿では、宿の役人が嘉永七年（一八五四）にアメリカ東インド艦隊司令官ペリーが浦賀沖に姿を見せたときの各藩の警護の状況を記録に認《したた》め、安政五年（一八五八）六月四日に京都で起こった大火の瓦版を早い時期に入手している。また、享保十四年（一七二九）六月に清国の商人から八代将軍吉宗に献上品としてもたらされた象の通行を、中山道武佐《むさ》宿では通行の準備に関する記録が留められている。日常的には、旱魃《かんばつ》や洪水、飢饉や騒動など、自然環境の情報は、西から東から毎日のように旅人についてやってきた。

このように、街道を行き交うさまざまな通行は、多くの情報を街道沿いの宿場や村々にもたらしていった。近江の地は、早くから時の為政者も注目するほど重要な東西交通の通過地点であり、多

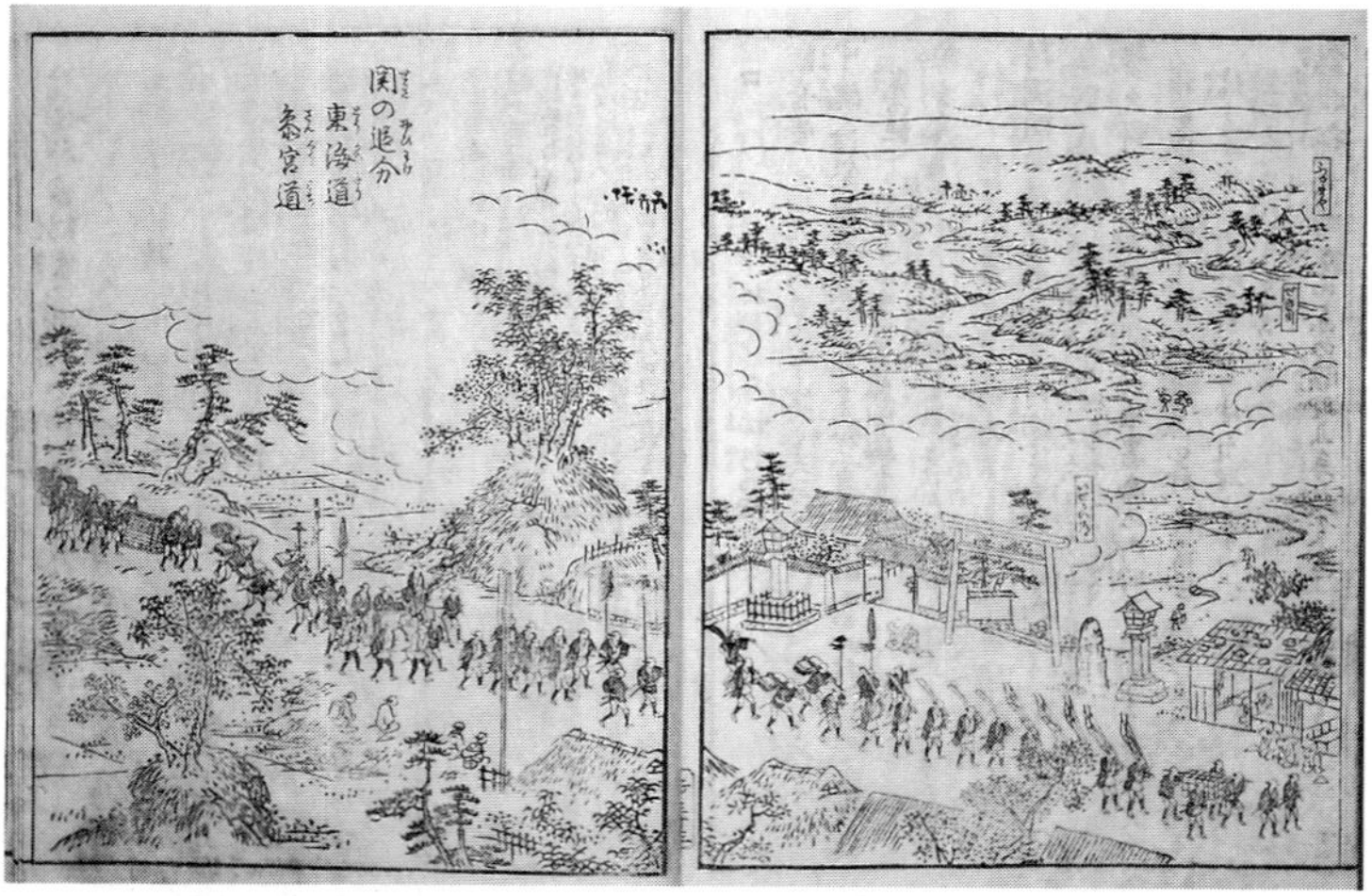

「伊勢参宮名所図会」東海道を往く参勤の行列

くの街道網が発達し、まさに情報や文化の交錯点であったといえる。

東海道は、江戸—京都間一二六里六町一間（約四九五キロメートル）に宿場を設け、荷物を継ぎ送るための伝馬《てんま》を置いた。近江では、水口《みなくち》宿へ下された慶長六年（一六〇一）の「伝馬定書」が残っており（甲賀市水口歴史民俗資料館所蔵文書）、三六人・三六疋の人馬の常置と、土山、石部への継ぎ立て、さらに人馬負担に伴う地子《じし》免除が下された。このとき水口宿と同様に土山、石部、草津に、そして翌慶長七年には大津に同様の定書が下され、宿場が成立した。

東海道は、大名などが参勤交代に利用した主要な街道で、幕府の役人が畿内や西国へ赴くときにも用いられた。参勤交代の制度が整えられる寛永期（一六二四～四四）ころには宿場のすがたも整備され、世にいう「東海道五十三次」が整った。ちなみに、文政五年（一八二二）には一〇五家が参勤交代に東海道を利用していた（『五街道通行之大名衆頭書』）。その参勤交代の一行を迎え入れるために、宿場には本陣、脇本陣、旅籠《はたご》屋などが置かれていたが、近江では草津宿と土山宿にその姿をとどめた本陣が現在も見られる。

本陣は大名など決まった人々の休泊施設であったが、東海道を行く旅人は参勤の大名たちだけではなかった。信仰や商用などで旅する人たちの姿も多くみられ、現在東海道筋に残る多くの道標に刻まれているのが伊勢へと誘う案内であることなどからも、この東海道が「お伊勢まいり」の道筋でもあったことを物語っている。

では、どれだけの人が東海道を通ったか、その数字を掴むのは困難であるが、江戸時代に六〇年の周期でおとずれた「おかげまいり」で、伊勢へ参詣した人数は明和八年（一七七一）に二〇〇万人を数えたといわれる。このとき、西からの参詣者は近江東海道を通って伊勢へと向かったが、草津～大津間の舟渡し「矢橋《やばせ》の渡し」では、舟が不足して矢橋周辺の湊からの応援を受けている（『膳所《ぜぜ》藩郡方日記』）。さらに、渡し舟は矢橋から大津松本へ渡っていたが、回転を早くするために湖上の距離を短くして、松本より膳所城下へ舟を着けたことも同じ記録に留められている。

東海道が、伊勢へと向かう道であった証は、草津宿の追分に立つ火袋付の道標に「右　東海道いせみち」、同じく横町道標にも「いせ道」と刻まれていることにもうかがえる。このほか、石部宿は浄瑠璃の舞台ともなった。『桂川連理柵《れんりのしがらみ》』の「石部宿屋の段」で、安永五年（一七七六）十月に堀江一座で初演された菅専助の作品である。これは石部宿が広く名を馳せることとなった作品であるが、ここでも伊勢まいりの旅が登場する。

このほか、横田川を渡る「横田の渡し」の東岸にある常夜灯は「金毘羅講中」と刻まれ、鈴鹿を越える峠の上には「万人講」と刻まれた大きな灯籠が建っている。いずれも旅人の道中安全を願ったもので、当時多くの旅人が東へ、西へ、伊勢へ、京へと行き交っていた。

江戸時代、天下の大動脈として第一義に位置づけられていた東海道。参勤や幕府の使いである公用の旅人が、伊勢や京都の知恩院、東西本願寺などの本山へ、また西国観音巡礼など、多くの信仰を求めた旅人が行き交う道筋であった。

一方、中山道は東海道と並んで江戸と京都を結ぶ重要な街道である。起点は江戸日本橋、終点は草津宿まで、一二九里一〇町八間（約五〇八キロメートル）で、宿場は板橋（東京都板橋区）から守山まで六七宿あった。近江では、柏原宿から、醒井《さめがい》、番場、鳥居本、高宮、愛知川《えちがわ》、武佐、守山宿までの八宿が置かれた。中山道は木曽路を通ることから、木曽街道などとも呼ばれ、峠道が多く峻険な道筋であった。近江の地では京都に近いこともあって、木曽や信

草津追分道標（草津市）

濃のような険しい峠道はなかったが、唯一、美濃から近江に入り柏原、醒井宿を経て、番場宿を過ぎ、鳥居本宿との間に摺針《すりはり》峠がある。ここは、「その昔、諸国を修行していた青年僧が、挫折しそうになってこの峠を通りかかったとき、斧で石を摺って針にしようとしている老女の姿を見て、彼女の苦労に比べたら自分の修行はまだまだ甘かったことを悟り、心を入れ替えて修行した」という弘法大師伝説がつたわるところである。この峠は、東からの旅人が初めて琵琶湖を望めるところでもあり、中腹には「望湖堂」の名をもつ茶屋が建っていた。

中山道は、東海道に比べて参勤交代の大名の通行が文政五年(一八二二)に二三家とわずかで(『五街道通行之大名衆頭書』)、大きな川越もなかったため行程が固めやすく、混雑を避ける女性の旅人も多かった。特に徳川将軍家と朝廷の婚礼には中山道が利用された。また、東海道には「今切《いまぎれ》の渡し」「薩埵《さった》峠」といった、婚礼には縁起の悪い「今切れる」「去った」に通じる地名があったからともいわれている。姫君の通行は、徳川二代将軍秀忠の娘和子《まさこ》が、後水尾《ごみずのお》天皇に入内《じゅだい》したときをはじめ、延宝七年(一六七九)近衛《このえ》家の娘と五代将軍家綱の婚儀、享保十六年(一七三一)九代将軍家重と京都伏見宮家の比宮《なみのみや》の婚儀、天保二年(一八三一)有栖川宮皇女登美宮《とみのみや》の水戸徳川家への輿入れ、さらに同じ年に有宮《ありみや》の関東下向など、華やかな行列が近江の中山道を通っていった。有姫の通行では、天保二年の八月二十五日、京都を出立。その日は草津宿で泊り、翌日は守山宿で小休、鏡でも休憩をとって、武佐宿で泊っている。嘉永二年(一八四九)九月十四日、京都一条家から十三代将軍家定の継室に入った寿明宮《すめのみや》の通行もあった。

時は文久元年(一八六一)十月、公武合体のもと第十四代将軍家茂へ嫁いだ女性がいた。仁孝天皇の皇女で、孝明天皇の妹にあたる和宮《かずのみや》(親子内親王)である。和宮の下向は幕府の威信をかけ、最大規模の通行となった。京都を十月二十日に出立した一行は、沿道警護二九藩、随行警備一二藩、人馬継ぎや賄いの人数は相当数にのぼった。大津宿で二泊、二十二日に大津宿を発って、草津宿で昼食。その日は守山宿で泊っている。この通行を見た草津宿に南接する矢倉村の庄屋金沢氏は、「誠ニ前代未曾有の御通行」と日記に留めている(『金沢家記録』)。慌しい幕末の世情にあって、よほど驚愕した通行のひとつであったのであろう。一方、草津宿本陣では、一〇カ月も前からその準備に追われていた。当日の通行は昼食であったが、上段の間の御座所の修理、襖の張替えや建具・畳の入れ替えなどの造作がおこなわれた。一行は警固の者などを含め約一万四〇〇〇人を数えたとも、そして草津宿通行には四日間もかかったといわれている。

このように中山道は、東海道に比べて姫君の大きな通行が多くみられたため、最近では「姫街道」などと呼ばれることもあるが、ほかにも多くの通行があった。御茶壷道中や朝鮮通信使の一行、近江の中山道に限れば象や駱駝《らくだ》などの動物も通っていった。また、幕末に将軍警護を目的に組織された浪士組、のちの新選組も文久三年(一八六三)中山道を通って京都へ入っている。中山道の近江路は京都に近く、東へ向かうものは京に別れを告げ、西へ向かうものには京都に上る、それぞれの覚悟の道筋であったのであろう。

さて、江戸時代に多くの旅人の通行でにぎわった近江の東海道や中山道。明治五年(一八七二)に、宿駅制度が廃止されてもしばらくは、人々の移動の手段は変わらず、街道を通っていたため、そのにぎわいは衰えることはなかった。しかし、明治二十二年（一八八九）に滋賀県内の東海道線、また草津線といった鉄道の開通によって、交通体系に大きな変化が生じ、それまでの街道、宿場の需要が大幅に減少した。その後は、さらに自動車交通の発達によって、東西の大動脈であった東海道は国道一号に、また中山道は国道八号に、それぞれその役割を継承し、一層地位の低下を招いたのである。そうしたなかで、近江の宿場は、草津や石部、水口、守山、愛知川などのように商店街としての役割を担ってきたところもあるが、近年になるとその役割も、宿場町という歩く交通手段に対応していたまちであったため、人々の需要に呼応できず、停滞を続けている。

しかし、昨今のまちのアイデンティティの創出や町おこしなどの素材として、また街道探索への需要から、街道や宿場町を見直す取り組みが各地でなされている。近江の宿場町でも例外ではない。そうした宿場町の現状についても触れていきたい。この東海道、中山道に設けられた近江の宿場について、その成立や構造、また運営とともに、宿場が迎えた通行や宿場で暮らす人々のすがたを紹介していくことにする。

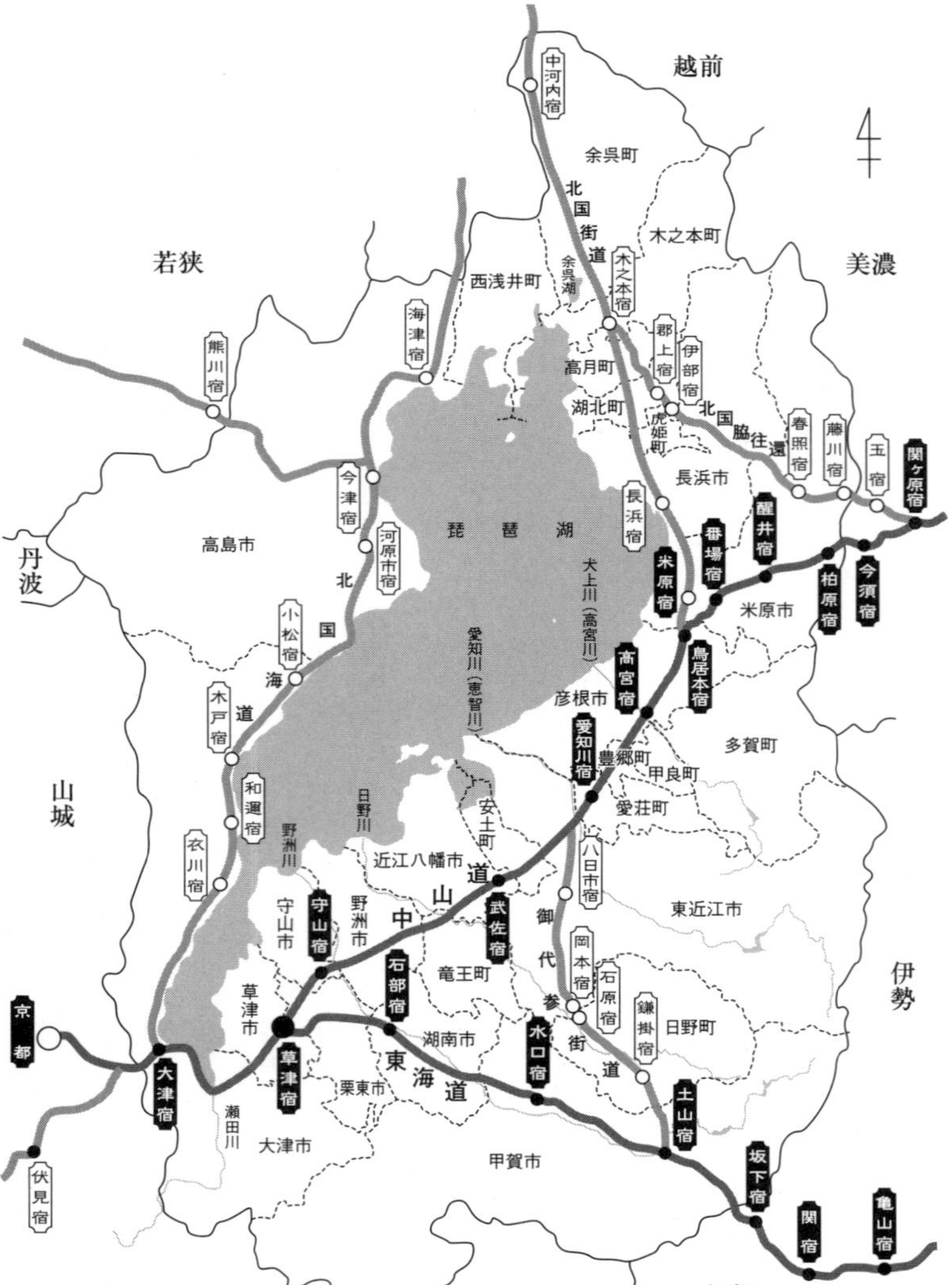

近江の東海道と中山道の宿場

一　宿場町の成立と構造

宿場の成立

中世以前、東海道、東山道（中山道）は軍行の道筋として、また公家などの伊勢参宮の道筋として限られた途に用いられていた。

たとえば、文禄二年（一五九三）十月、豊臣秀吉は三河岡崎（愛知県岡崎市）からの上洛の途次、のちの美濃路にあたる清洲《きよす》（愛知県清須市）、墨俣《すのまた》（岐阜県大垣市）、そして中山道の柏原、伊庭《いば》（東近江市）を経て草津に泊ったことが、また、翌文禄三年（一五九四）正月には、豊臣秀吉が京都から尾張清洲までの移動に、のちの中山道筋にあたる京、大津、勢田《せた》（瀬田）、守山、八幡山、山崎、佐和山、柏原、垂井（岐阜県垂井町）、大垣（岐阜県大垣市）、墨俣の順に清洲まで宿おくりを命じたことなどが『駒井日記』にみえている。

さらに、慶長二年（一五九七）五月、信濃国善光寺（長野市）の仏龕《ぶつがん》を、京都の方広寺の大仏殿に移すため、沿道の各宿場に役夫五〇人、伝馬一三六疋を充てたといわれている（『駅逓《えきてい》志稿』）。このとき、石部から草津までは豊臣秀吉の家臣で、近江の浅井《あざい》、蒲生《がもう》、坂田、栗太《くりた》の四郡に領地をもつ新庄東《とう》玉《ぎょく》（直忠）の差配であった。このとき伝馬を課された東海道の宿場は、伊勢亀山（三重県亀山市）、土山、石部、草津、大津、そして京都と、のちの東海道の宿場と同じであった。

このように、織田信長や豊臣秀吉も、のちの宿場となる地は早くから注目しており、徳川家康もその地を継承して宿場として整備していったのである。

江戸時代の宿場は、大きく戦国大名らによって設けられていた宿駅をそのまま踏襲したものと、あらたに徳川家康以降、江戸幕府が定めたものとがある。その宿場は、公用の輸送に際して、休泊場所の提供や荷物を宿から宿へと継ぎ送るためのもので、宿場の人足や馬がその業務に携わっていた。したがって、宿場には公用の輸送にかかわり、必要な人馬が準備され、また休泊に供する宿泊施設が設けられていたのである。

徳川家康は、関ヶ原合戦に勝利した翌年の慶長六年（一六〇一）、天下一統の第一歩として東海道に宿を設置し、各宿に伝馬《てんま》定書と伝馬朱印状を下付した。そして、慶長七年には中山道にも同様に伝馬定書を下し、宿を設置したのである。東海道の水口《みなくち》宿に下された伝馬定書をみると、

御伝馬之定

一、三拾六疋ニ相定め候事

一、上口ハ石部迄、下ハ土山迄之事

一、右之馬数壱疋分ニ、居屋敷六拾坪宛下され候事

一、坪合弐千百六拾坪、居屋敷を以て引き取られ可き事

一、荷物ハ一駄ニ卅貫目之外付申され間敷く候、其積ハ秤次第たるへき事

右之条々相定めの上は、相違有る間敷者也

慶長六年
丑正月

伊奈備前守 ㊞
彦坂刑部 ㊞
大久保十兵衛㊞

水口
年寄中

と記されている。これは公用の輸送のために三六疋の伝馬を常置するというもので、東海道の各宿に共通するものであった。そして伝馬の継ぎ立て先を示し、伝馬を常置することによって伝馬屋敷地の地子《じし》を免除する坪数、荷物一駄の重さを三〇貫目とすることなども取り決めている。ただ、地子免除に関しては、水口宿では一疋分について六〇坪としているが、保土ヶ谷《ほどがや》宿（横浜市）では五〇坪、三島宿（静岡県三島市）では一三〇坪などと、宿によって異なっていた。この伝馬定書とあわせて「伝馬朱印状」が下され、各宿場では朱印状を持つものに対して人馬の提供をおこなっていたのである。伝馬定書に継ぎ立て先が記されていることにより、たとえばここでいう土山、石部が同時に宿場として設置されたことがうかがえる。また草津宿も慶長六年の設置とされるが、東海道最終の宿場大津は、翌七年の設置となる。東海道筋では、大津と同じ慶長七年の岡部宿（静岡県藤枝市）、慶長九年の戸塚宿（横浜市）、元和二年（一六一六）の袋井（静岡県袋井市）、石薬師（三重県鈴鹿市）、元和四年の箱根宿（神奈川県箱根町）、同九年の川崎宿（川崎市）、そして寛永元年（一六二四）の庄野宿（三重県鈴鹿市）

表1　近江の東海道・中山道の宿場（天保14年）「宿村大概帳」（近世交通資料集）により作成

	宿場名	宿高	町の長さ	人数	戸数	本陣	脇本陣	旅籠屋	地子免除
東海道	49 土山	1,348.62	22町55間	1,505	351	2	0	44	19,239
	50 水口	2464.409	22町6間	2,692	692	1	1	41	44,824
	51 石部	1719.863	15町3間	1,606	458	2	0	32	8,560
	52 草津	1571.357	11町53間半	2,351	586	2	2	72	10,000
	53 大津	0	1里16町70間	14,892	365	2	1	71	0
中山道	60 柏原	2411.236	13町	1,468	344	1	1	21	0
	61 醒井	528.402	8町2間	539	138	1	1	11	0
	62 番場	559.956	1町10間	808	178	1	1	10	0
	63 鳥居本	115.397	10町	1,448	293	1	2	35	0 ※1 加宿共
	64 高宮	2923.62	7町16間	3,560	835	1	2	23	0
	65 愛知川	406.45	5町34間	929	199	1	1	28	0
	66 武佐	890.9262	8町24間	537	183	1	1	23	0
	67 守山	2019.11	11町53間	1,700	415	1	2	30	0 ※2 加宿共

※1　鳥居本宿は、ほかに西法寺村（1112石１斗７升４合）、百々村（207石５斗３升５合）、上矢倉村（237石３斗１升８合）の加宿がある。

※2　守山宿は、ほかに吉身村（903石６斗５升２合）、今宿村（463石５斗１升５合）の加宿がある。

の設置をもって、いわゆる東海道五十三次が確立するのである。

一方の中山道は、慶長七年（一六〇二）に御嵩《みたけ》宿（岐阜県御嵩町）へ下されたものが最初で、元禄七年（一六八四）に伏見宿（同町）の設置をもって、中山道六十七次が確立する。近江では、慶長七年六月二日、高宮宿へ下された駄賃定書が残っている。

宿場が担う機能としては、大きく二つあった。ひとつは街道を往来する旅人に対して休泊施設を提供するということ、もうひとつは、宿場の成立時の伝馬定書にみられる荷物を継ぎ送る、いわゆる人馬継立の機能である。これら二つの機能が備わって、はじめて宿場といえるのである。したがって、宿場の構造についても、当然のことながら宿場が担う機能はいずれも同じであったことから共通点も多く、その宿場が設けられた地形的な条件によって多少の差異が見られる程度である。近江における個々の宿場の構造については三章以降で触れるが、共通的な事柄について少しみれば、宿場の出入り口には見付や枡型《ますがた》が設けられて隣接町村と画していた。そして宿場内には旅人に利便を供する旅籠《はたご》や商家などの家並みが続き、中ほどには本陣、脇本陣、そして問屋場など休泊や人馬継立といった宿場の機能を担う施設が置かれていた。近江における東海道・中山道の宿場についてその概要を一覧にしたのが表1である。

本陣と脇本陣

宿場の担う休泊機能。その施設が本陣、脇本陣と旅籠屋であった。

本陣は、江戸時代に街道を往来する大名や公家などが休泊した民営の大旅館のことで、その起源は、室町幕府二代将軍足利義詮《よしあきら》が上洛に際して、その旅宿を本陣と称したことに求められる。宿場の開設当初には設置されておらず、大名の求めに応じ、広大な屋敷を構える有力者が自宅を大名宿として提供していた。それが、寛永十一年(一六三四)、三代将軍徳川家光の上洛に際して、大名宿の主人が改めて本陣職に任命されたのを契機に、各宿場に設置されるようになった。そののち大名の参勤交代が制度化され、その往来が恒常的になると、本陣は固定化し、代々世襲で受け継がれていった。また、大名家は、各宿場で休泊する本陣を決めていたため、その指定された本陣は「御定《おさだめ》本陣」

表2　近江における宿場の本陣・脇本陣　天保14年(1843)『宿村大概帳』等より作成

	宿場名		氏　名	坪　数
東海道	49　土山宿	本　陣	土山平重郎	325
		脇本陣	大黒屋長兵衛	
	50　水口宿	本　陣	鵜飼伝左衛門	202
		本　陣	藪下伝兵衛	
		脇本陣	臼井又三郎	188
	51　石部宿	本　陣	三大寺小右衛門	138
		本　陣	小嶋金左衛門	262
		脇本陣	立花屋氏左衛門	
		脇本陣	扇屋孫右衛門	
	52　草津宿	本　陣	田中九蔵	375
		本　陣	田中七左衛門	459
		脇本陣	藤屋與左衛門	235
		脇本陣	仙台屋治郎左衛門	110
	53　大津宿	本　陣	大塚嘉右衛門	395.5
		本　陣	肥前屋孫四郎	196.4
		脇本陣	冨田屋辰之助	97
		脇本陣	丸屋長井金六	
		脇本陣	船屋又兵衛	
		本　陣	播磨屋	天保ころにはなし
中山道	60　柏原宿	本　陣	南部辰右衛門	138
		脇本陣		73
	61　醒井宿	本　陣	松井源五左衛門	178
		脇本陣		85.5
	62　番場宿	本　陣	市川長右衛門	156
		脇本陣		84
	63　鳥居本宿	本　陣	寺村周助	137
		脇本陣		89
		脇本陣		70
	64　高宮宿	本　陣	小川太左衛門	120
		脇本陣		74
		脇本陣		71
	65　愛知川宿	本　陣	西川甚五左衛門	142
		脇本陣		131
	66　武佐宿	本　陣	下川兵次郎	262
		脇本陣		64
	67　守山宿	本　陣	宇野忠右衛門	197
		本　陣		170
		脇本陣		68

と呼ばれていた。

近江の東海道、中山道の宿場でも本陣が置かれており、各宿の本陣を一覧にしたのが表2である。近江の本陣の場合、草津宿や石部宿、土山宿のように宿場の設置以前から土地の有力者が大名宿として提供していたもの、もうひとつは水口宿や柏原宿のように将軍の移動に際して、休泊所となった御茶屋、御殿であったもの、これが江戸幕府の参勤交代の制度確立にともなって、本陣として定められたのである。

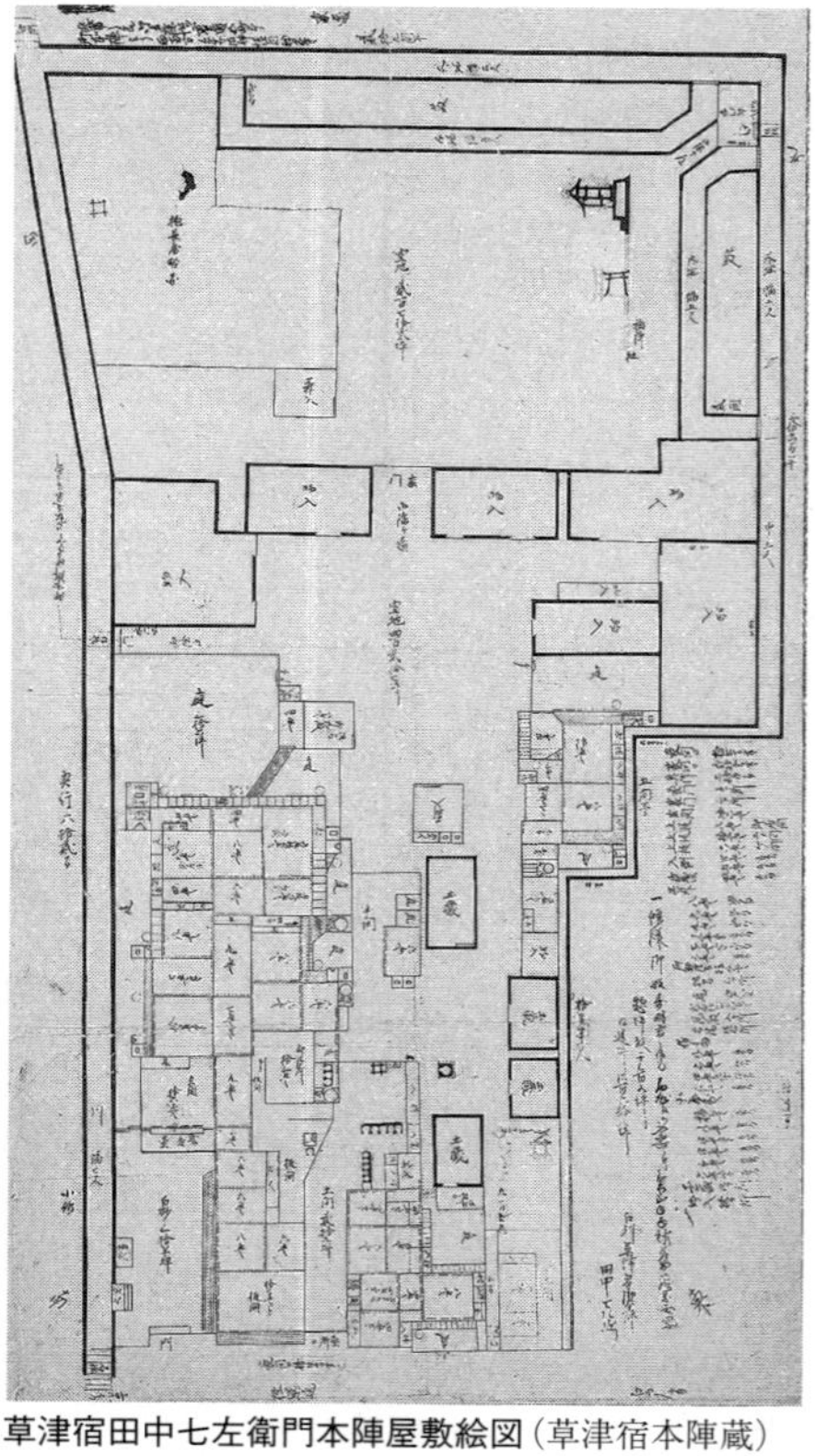

草津宿田中七左衛門本陣屋敷絵図（草津宿本陣蔵）

本陣は、広大な敷地のなかに一五〇～二〇〇坪程度の建物があり、門構え、玄関、上段の間が設《しつら》えてあるのが特徴である。近江の東海道と中山道、その宿場の本陣規模を比べると、当然のことながら通行量が多い東海道筋のほうが建物規模も大きく、中山道筋の本陣は、東海道に比して小さかった。近江の東海道、中山道のなかで規模の大きな本陣をあげると、草津宿の田中七左衛門本陣が四五九坪、ついで大津宿の大塚嘉右衛門本陣が三九五・五坪、中山道では武佐宿の下川兵次郎本陣の二六二坪である。

本陣での休泊は、重複しないように予約制になっており、予約から出立までは、次のような流れであった。

予約…約一年～五〇日前までに予約が入る。役人が直接伝えにくる場合と、廻状《かいじょう》で知らせてくる場合があった。予約を受ける時、本陣は大名側に請書と部屋割りのための本陣屋敷絵図を提出した。

打ち合せ…数日前には、下準備をする宿割役人が来て、事前の打ち合せがおこなわれた。部屋割りの調整、家臣が休泊する下宿の宿割りや休泊料の確定、献上品の品定め等の最終調整があり、関札が本陣に渡された。

当日…表門や玄関、表板間に大名家定紋入りの幕を張り、高張提灯を立て、関札を掲げて準備を整えた。本陣の主人は宿場の入り口まで出迎え、本陣へ案内した。本陣には、大名と特定の家臣や大名使用の道具が入り、大名は到着後すぐに上段の間に入った。本陣の主人は大名に

歌川広重画「東海道五十三次・関」本陣出立の風景

お目見えが許されており、その土地の特産物などを献上すると、それに対する謝礼や休泊料が下された。

出立…大名行列は、一日一〇里をこなす行程が一般的であったため、朝は明け七ツか六ツ（午前四～六時）に出立していた。朝が早いため、昼食の休憩以外に午前・午後と一回ずつ休憩が取られていた。

本陣での休泊の流れはこのようなものであるが、早くから本陣に予約をしていても、天候や川留め、火事などのトラブルで予定が変更され、予約が急に取りやめになることや、同じ本陣に大名が鉢合わせになることもあった。休泊が重なった場合は、基本的に先約者が優先であるか、もしくは使者同士の話し合いで決定したが、相手が勅使、二条城・大坂城の番衆、御三家の場合は、利用していてもすぐに本陣を譲らなけれ

草津宿本陣上段の間

ばならなかった。また、両者が同格位の大名同士の場合は、お互いが体面にこだわり争いが起こるなど、宿場の役人や本陣の主人を困らせることもあった。
幕末に日本に滞在した、イギリスの外交官アーネスト・サトウが草津宿の本陣について次のように記している。

その夜は草津泊りであったが、その手前で駕籠のなかへ引っ込んだ。群集に圧倒されないようにするためでもあり、また徒歩の姿を見られぬようにして、一段と威厳を保つためでもあった。町の境界のところまで来ると、町役人の代表者と官用旅舎の亭主が出迎えにきていた。彼らは、好奇心にかられる群集を追い払いながら、行列を大いに花やかにして、一行を護衛してくれた。

駕籠舁は歩調を速めたが、これは本当にいやなものだった。ただでさえも乗り心地のよくない駕籠だが、駕籠舁に足ばやにやられると、乗っているのにたえられなくなるからだ。

駕籠は、とある町角を曲がった。それから、門柱の手前二か所にきちんと盛り砂をして、そばに水桶の用意をしてある門をくぐり、官用旅舎、すなわち本陣の広い玄関先へおろされた。この旅舎は、この種のものの中では、私がこれまでに見た最も立派な建物のひとつであった。ごく上等な木目のある材木、目ざわりにならぬ落ち着いた色合いの壁、金箔仕上げの風雅な模様のある紙を張って、それに黒光りのする漆塗りの木枠をつけた引き戸、刷り込み模様の綿布で縁取った、青々として堅牢な厚畳、といった具合の上等な建物であった。一番大切な部屋は、広さわずかに十二フィート四方であるが、ほかの部屋に比べると床が六インチほど高くなっている。寝床の役目をする二枚の厚畳が敷かれていて、高貴の客が、きちんと正座するようになっている。荷物は、部屋の両側の廊下に置かれた。窓からの眺めは少しもきかず、無愛想な黒板塀に取り囲まれている狭い内庭が見えるだけだった。偉い人というものは、見てもいけないし、見られてもいけないというのが、ひとつの作法になっているのだ。この宿の亭主が、ささやかな進物を持ってはいってきて、額を敷居にすりつけた。数分後に、再びやってきて低い物腰で、茶代として受取った一分銀二枚の礼を述べた。私たちが順番に浴室へゆくと、取り澄ましたというほどではないが、すこぶる控え目な若い娘が「お」背中を流させていただきましょうかと聞いた。私たちは子供の時分から沐浴の際に美しい女性をはべらすような躾はされて来なかっ

たので、この娘の手助けを断った。（岩波文庫『外交官の見た明治維新』より）

つぎに、脇本陣であるが、これは本陣を補完する施設で、本陣に先客があり詰まっていた場合などに利用されるものである。脇本陣の建物は、本陣と異なり表門や玄関、上段の間などがあるわけではなく、通常の旅籠屋の規模の大きなものと大差はなかった。

本陣での休泊

草津宿の本陣は、江戸時代を通じて二軒であったが、そのうちの一軒、田中七左衛門本陣が現存し、一般に公開されている。本陣は参勤大名や公用通行の休泊に供されていたが、つぎに、草津宿の通行と休泊について、七左衛門の大福帳によってみることにする。

七左衛門本陣には、元禄五年（一六九二）から明治七年（一八七四）までの約一八〇年間、一八二冊の大福帳が残されている。この大福帳には、元禄期ごろの簡潔な記述のものを除き、大半が休泊の記録のみではなく以下のような記載がある。各年一冊を単位として、金銭の出納、奉公人の給金、差し宿、宿泊人数とその代金、草津宿の通行・休泊すべてを記した御通り覚、その家中の通行を記した家中御通行、年貢、祠堂金《しどうきん》の出入りなどである。さらに、御通り覚や御家中御通行の記載にあっては、前泊地や草津宿内での休泊先、また休泊をめぐってもう一軒の田中九蔵本陣や脇本陣とトラブルがあった場合、後々のためにその経緯を詳細に書き加えている。

まず、文久三年（一八六三）の草津宿の通行および休泊者件数は二八九件を数える。この年前後の年には草津宿はほぼ二〇〇件を超える通行・休泊があった。月別で多いのは、参勤の時期にあたる三月から五月が最も多く、十一月、十二月というのは比較的少ない。

参勤制度が確立された寛永年間（一六二四〜四四）以降、しばらくは諸藩の大名たちも宿場において休泊をし、江戸との往来に努めていたが、江戸時代中期以後には、各藩財政の逼迫にともない、参勤交代時の経費削減の目的で街道筋に設置された宿駅での休泊を避け、いわゆる間《あい》の村々での休泊が増加してきた。そのため、道中奉行では宿駅の保護などの目的で間の村々での休泊を禁止する触れを出している。まず、文化二年（一八〇五）に道中奉行石川忠房・井上利恭によって下されたもので、草津宿では同年の閏八月十五日に本陣二軒と宿役人らが請印している。その内容には、

正徳五未年、享保八卯年相触れ置き候処、近来猥ニ相成り、諸家之通行ニも、間之村々ニおいて休み引請け候もこれ有哉ニ相聞き候、立場は人足休息迄之義ニて、旅人食事等之休みは、間之村々ニて引請ける可き筋ニこれ無き条、間之村方休み之積リ、若先触ニこれ有る節は、前後宿方之内、最寄之方ニ極置き、其宿より前日通行之向之申し立つ可く候

とあって、間の村々は人足の休憩のためだけのもので、通行に際しての食事等を供する場所でないと記され、その間の村々での休憩などが増加してきたので、前後最寄りの宿駅を利用するようにと記されているのである。さらにこの間の村々での休泊に関しての取り締まりは、文政八年(一八二五)にも「端場《はば》茶屋」での休泊が禁じられ、その後天保七年(一八三六)四月にも「道中筋取締書」を道中奉行は申し渡し、諸家通行に際しての休泊には是非とも本陣・脇本陣を利用することと、宿外での休泊を請けてはならないと触れているのである。

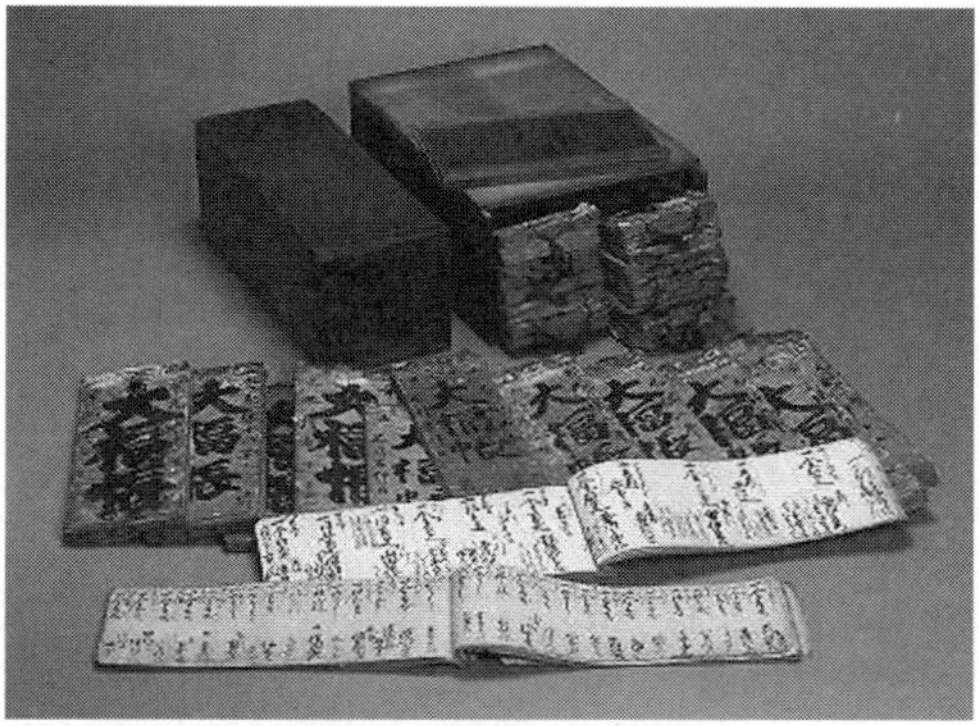

草津宿本陣大福帳(草津宿本陣蔵)

その休泊にともなっての本陣の収入は、これも周知のことであるが、本陣には一般の旅籠屋のように定まった宿泊料はなく、休泊者からの下賜金、すなわち祝儀のみであった。そのため、本来は休泊者の増減により収入の大幅な変化はみられないのであろうが、これも宿内の経済的負担の増大と同様に、休泊する側の大名等の経済状況にあっても、すでにこの時期にいたっては大幅な財政悪化がみられていたようである。そのため、祝儀等の下賜金も決して順調に増加していったのではない。文久四年(一八五四)と天明五年(一七八五)の草津宿田中七左衛門本陣の休泊者の下賜金を比較してみると、例えば、天明五年の御茶壷が御《お》

土山宿本陣（甲賀市）

泊《とまり》で一二四文位、御休《おやすみ》で六〇〜七〇文位であったのが、文久四年では「御名茶一箱」である。また大名クラスでも天明五年には御泊で金一両もしくは三〇〇疋、御休で金二〇〇疋程度であったのが、幕末期のインフレにあってもほとんど増加していない状況である。

つぎに、前泊地を見ると、草津宿の場合、東が水口・土山・坂下（三重県亀山市）、西は伏見あたりがその限界となっている。つまり、通行の規模にもよるが、東は鈴鹿の山があるため、ほぼ、坂下・土山あたりからが一日の旅程の限度といえる。

こうした本陣での休泊の詳細は、東海道筋では土山宿本陣、石部宿本陣の宿帳が残っており、現在甲賀市史の編さん過程で調査、整理中である。これらが公表されると、近江の東海道筋の通行の様子や三宿の休泊事情を知ることができる。

休泊に際して宿内および本陣相互でトラブルも

少なからずあった。草津宿には本陣が二軒あり、それも同じ田中姓であったことから、いろいろなトラブルが起こっている。御定本陣に指定され、事前に休泊を請けておきながら、当日になって差し支えにより一方の本陣や脇本陣を借り受けて休泊を勤めたり、すでに草津宿での休泊本陣が決まっているにもかかわらず、一方の本陣が前宿や京都あたりまで出向いて休泊の交渉をし、休泊を取り付けたりしているのである。

そのいくつかを紹介すると、七左衛門本陣が喪中のため、九蔵本陣や脇本陣大黒屋を借りて休泊を勤めた例がある。天保八年（一八三七）六月八日、周防大内家の家臣繁沢図書の御泊では大黒屋弥助を借用して、また同月十四日の周防毛利志摩守の休息には下りを九蔵本陣、上りを七左衛門本陣が勤めることになっていたが、今回は九蔵本陣を借用して七左衛門本陣が御休を勤めた。これは、休泊者を振り替えるのではなく、他の本陣を借用して勤めるといったものである。このように下りと上りで別々に休泊するといった取り決めがなされていた例であるが、上り下りの別なく交代で休泊を勤めることになったものと、その交代で勤めることをめぐっての九蔵本陣とのトラブルを紹介する。

以前から七左衛門本陣が御定本陣であったが、寛政八年（一七九六）の通行で、先触れの役人が草津での宿を間違って指定、泊ってしまったため、その例によって九蔵が関係を申し立てて、上りが七左衛門本陣、下りが九蔵本陣となった例である。同様に交代で休泊の宿を勤めていたが、永年通行が途絶えていたため、宿を指定する側がいずれの本陣の番かわからず、前宿の守山まで御機嫌うかがいに行った九蔵本陣で御休を勤めたのが、但馬出石《いずし》藩の仙石《せんごく》讃岐守の例である。

ほかにも、交代で宿を勤めていたが、休と泊とでは交代にならないと九蔵が主張し、前年に九蔵本陣で御休を勤めたにもかかわらず、今回も九蔵本陣で御泊を勤めた小笠原能登守の例もある。

また、備前宇喜多氏の家臣花房志摩守の御泊で、下りの御泊の際に九蔵がいろいろと申し立て、以後は九蔵本陣へと願ったが、今回は七左衛門本陣に休泊が申し付けられ、その時に先例や由緒を調べたりして、花房家と九蔵本陣とは何のかかわりもないことがわかり、従来どおり七左衛門本陣での休泊となったという。

ほかにも、御定本陣があるにもかかわらず前泊地まで出向いて休泊を取り付けようとしたが断られたものや、実際に横取りしてしまった例、また二軒の本陣が同じ田中姓であることから、間違って休泊した例、そして知己を通じて頼まれたことから、同じ宿内で二軒に休憩したものなどもみられる。

すでに七左衛門本陣に休泊が決まっていたにもかかわらず、九蔵本陣が前泊地の守山まで出向いて休泊を取り付けようとしたが、近衛内大臣の方では「田中七左衛門之御定本陣」を決めているので、「如何様ニ申し候ては繰替え相成り申さず」として変更を認めなかった。このような例ばかりであると、トラブルは起こらないのであろうが、休泊本陣がすでに決まっており、当日の朝に準備をしているにもかかわらず、変更になった例もある。

赤野井御坊の講中が京都からの帰り、草津で昼休となっていたため、七左衛門本陣では早朝より陣幕を張って準備を進めていたが、九蔵が京都の本山へ出向いて休憩を取り付けてきた。当初は九蔵本陣での休憩の後、七左衛門本陣にて休憩する予定であったが、実際は七左衛門本陣を素通りであった。理不尽であると記しているが、七左衛門が憤慨するのも当然のことであろう。

実際に一つの宿内で二カ所に休憩した場合もあった。西本願寺末寺の顕証寺の例である。

（天保六年〈一八三五〉）

十月十日赤野井立

一、御同所様　　　　　御小休

右は私宅御小休後、又々柏屋之御念入に御座候、是ハ綣村本覚寺より木村良助様之段々申込み、柏屋ハ御取持ニ御座候、已上

さらに、もともと毛利家は七左衛門本陣が御定本陣であったが、九蔵が大津や伏見辺りまで出向いて種々申し立て、毛利家では同じ田中姓であるので間違って休泊を決めた。七左衛門本陣では、後から振替を願ったが、すでに九蔵本陣に申し付けたので、次回からは七左衛門本陣にすると約束を取り付けているのである。

これが草津宿本陣での休泊をめぐるトラブルの一部であるが、ほかにも先に遺体が休泊したことから、それを嫌って決まっていた休泊先を変更したものもみられる。紹介した内容は、当然のこと

ながら七左衛門本陣側の史料であるため、九蔵本陣側の言い分については記されていないが実にさまざまなトラブルがあることには驚かされるのである。

本陣での食事と奉公人

現在の旅館やホテルでは、「泊る」と「食べる」の二面性を持っている。そして、さまざまなランクがあり、料理も多種多様のものが好みの値段で賞味できるようになっている。では、当時の宿場において最も格式の高い宿泊施設であった本陣での食事はどのようなものであったのだろうか。

文化七年(一八一〇)四月四日、オランダ人の宿泊に際しての献立は、

(夕食)　膾(鮒・大根)　汁(鮒あら)
猪口(しじみ・ふき・[不明])
平(山のいも・牛蒡・しいたけ・玉子・さち)　焼物(小鮒)

(朝食)　焼物(もろこ)
汁(焼納豆・干大根・くわい・丁子麩・かまぼこ)

であった。

猪口《ちょく(ちょこ)》は、本膳料理につく小鉢。一般的には刺身や酢の物が多かった。また、平《ひら》は平碗のことで、本膳料理に付随するものである。これらの料理をみると、ずいぶん贅沢であったようにも思われ、やはり本陣で休泊する者たちの威厳をも物語っている。

幕末の大通行といわれる和宮の通行では、大津宿から板橋宿までの各宿に対して、「海魚并塩肴」「川魚」「鳥類塩鳥」「干肴」「乾物類」「豆腐・蒟蒻・小麦・蕎麦粉之類」「青物類」を書き上げて報告するよう命じられた。各宿では準備できる食材を書き上げて提出したが、草津宿でも例にもれず海魚類・川魚類・鳥類など、以下のように準備可能な材料を書き上げて差し出している（黒羽兵治郎氏所蔵文書）。

一、海魚類

　鯛　鱧　焼鯛　生鰤　鯣　蛸

　当宿ニは御座無く候へ共、伏見・大津・送荷ニて参り申し候、時節ニ寄り、調え申さざる節もこれ有る可く候、此の段御断わり申し上げ候

一、川魚

　鯉　うなぎ

一、鳥類
　　　玉子
　　此の外鳥類御座無く候
一、豆腐　蒟蒻　小麦　蕎麦粉
　　右何も宿方ニて相調え申し候
一、干物
　　麩類　椎茸　干瓢　湯葉　かんてん　かし茸　岩茸
　　右之類少しツ、御調え申し候
一、青物類
　　山いも　長いも　にんしん　大根　小いも　くわい
　　生姜
　　右の類少しツ、相調え申し候

これは準備できる材料を書き上げたもので、実際の献立は、膳所藩の賄いに携わっていた「御賄三番組　西村藤八」が書き綴った「和宮御方様御下向御道中御次献立帳」(西村幹夫氏蔵)によってわかる。

和宮の草津宿通行は十月二十二日で、田中七左衛門本陣において昼食をとっている。その時の献立は、一汁四菜で次のように記されている。

膾　煎酒酢　蓮根□切
わん　紅葉ふ　合ミそ
白髪大こん　汁　つまミ□
山吹湯波　浅草海苔
洗生姜
香の物　御飯
なすびなら漬
たくあん大こん
平　人参　三井寺豆腐
相良ふ　焼栗
しゐ茸　皿盛　干ひやう
長いも　み淋煎
銀南

先の材料の書上に記されたものは「乾物類」「豆腐・蒟蒻・小麦・蕎麦粉之類」「青物類」であって、魚介類は全く使われていない。海魚類で、鱧などは、今日でも夏の風物詩として食卓にのるものであることから、草津宿から差し出した書上に「時節ニ寄り、調え申さざる節もこれ有る可く候」とあるように、時節柄献立に加えられなかったかもしれない。

和宮の草津宿での昼食（草津宿街道交流館再現）

この草津宿の献立をみる限り、中山道最大の通行である和宮の行列に際し、仕立てられた食事が豪華絢爛、華やかな食膳を誰もが思いおこすが、決してそうではなかったと思われる。献立帳を繰っていくと、「汁」の味噌が白味噌であったり、赤味噌であったりするのも興味深い。大津宿では二泊し、五食ともが「赤味噌」、草津宿の昼食は「合ミそ」、守山宿の泊まりで、夕食は「すまし」、朝食は「赤みそ」である。そのほか、魚類についても、海魚が出されたところもあるが、やはり山道を通る中山道筋であったため、鮒や鯉などの川魚も多く出されている。

資料の末尾には、次の御精進日が記されている。

御所方　六日　拾三日

江戸方　八日　拾七日　廿二日

草津宿は、十月二十二日に昼食で、江戸方の精進日にあたることから、昼食の献立には生魚などを用いていない。三井寺豆腐などは、今日でも同寺の行事の際に作って出されているという。和宮の道中食については、宮様の輿入れということもあり、宮廷料理のイメージがあり、また草津宿本陣の大福帳に残る献立などから、華やかなものを想定していたが、和宮自身の年齢が数え年で一六才ということもあり、その料理は比較的質素なものであった。

ちなみに、草津宿の本陣に奉公に出ていた人々について少し紹介しよう。

七左衛門本陣では、手代《てだい》・丁稚《でっち》・上女中・下女・乳母・子守等の奉公人がいた。これら奉公人は、町の口入人《くちいれにん》のあっせんにより本陣で働いていた。期間は、手代の一年契約をのぞき、ほとんどが半季奉公で宿内か近在の子女で占められていた。半期は、二月から八月、八月から二月の半季出替りであった。

給銀は、手代が銀払い、女性と丁稚が銭払いとなっており、そのほか年間を通じ丁稚に草履代として銭三〇〇文、女性には木綿がその代銭一貫二〇〇文や前だれを支給している。手代の給銀は、天保四年（一八三三）、半季分銀八〇匁《もんめ》、同八年に銀一〇〇匁で、年や人により一定していない。この給銀は、ほぼ米一石にあたり、今日では約五万八〇〇〇円に相当する。

山寺村伝兵衛の娘とよは、慶応元年（一八六五）八月二日より、翌年二月二日までの半季奉公で、勤日一三九日分働いた。この賃金を計算すると、

日　給　銭二二文（一日）×　一三九日文　＝　銭三貫五八文
一時金　＋　一二八文
計　銭三貫一八六文……支給予定額
前借金　（髪結代金・油代など）　銭三貫五〇〇文
差引　△　三一四文

で、借金を残して満期を迎えた。同年の草津宿の白米小売値一升三〇〇文、草鞋代一足三二文であった。これとくらべると、とよの日給二二文では米一合が買えず、奉公を終えて実家へ帰る草鞋すら買えないのであった。

旅籠屋と飯盛女

本陣が、限られた人々に供される休泊施設であったのに対し、一般の旅人の休泊施設として設けられたのが旅籠屋である。旅籠とは、もともと馬の飼葉《かいば》などを入れる竹籠のことであったが、旅人の食料などの入れ物といった意味に転じ、平安時代ごろには江戸時代にいう旅籠と同じような用途で用いられていた。

江戸時代の旅籠には、平旅籠と飯盛《めしもり》旅籠、木賃宿などの種類があった。平旅籠、飯盛旅籠は宿泊に食事がついているもので、木賃宿は薪代《たきぎ》を支払って泊るものであった。天保十四年（一八四三）の『宿村大概帳』には、各宿場の旅籠屋数が記されている。東海道筋で最もその数が多いのは宮宿（名古屋市）の二四八軒、中山道筋では深谷《ふかや》宿（埼玉県深谷市）の八〇軒である。近江では東海道では草津宿が七二軒、中山道では鳥居本宿の三五軒が多い。また、旅籠屋には大・中・小の区別があったようで、その区別が三島宿の例では、間口五間以上が大旅籠、四軒前後を中旅籠、三軒前後を小旅籠としている。これが東海道、中山道統一的なものであったかどうかは定かではない。

旅籠屋の宿泊賃については、文政年間（一八一八〜三〇）ごろには東海道筋で三〇〇文から四〇〇文、中山道筋で二〇〇文から三〇〇文程度であったが、愛知川宿では、天保十三年（一八四二）に天保の改革をうけて旅籠賃の値下げを届け出た（『愛知川の歴史』）。少し紹介しておくと、夕食が皿、汁、平、

旅籠の料理（草津宿街道交流館再現）

飯（二合五勺）で六一文五分、朝食が皿、汁、平、飯（二合五勺）で五四文八分、割木や油、湯などの諸雑用一六文、夜具損料三〇文などで、一人二〇〇文。これが「上」である。一方、「並」の方は一七二文で、翌日の昼食の弁当は二四文（二合）としている。

一方の旅籠での食事はつぎのようなものであった。文化十年（一八一三）大坂の商人升井平右衛門が仙台へ下向した時に草津宿の旅籠で出された料理をみると、

（夕食）　膾（大根・柿・青菜）
　　　　汁（湯葉・菜）
　　　　平付（かまぼこ・干瓢《かんぴょう》・牛蒡）
　　　　焼き物（塩アジ）
（朝食）　汁（かぶら）
　　　　平付（水菜・椎茸・湯葉）
　　　　猪口（梅干）
　　　　焼き物（干くち）

である。比較的立派な食事で、夕食は汁椀に菜の物三品がついている。

江戸時代、街道筋の宿場において旅籠屋にかかえられ、客の給仕をするとともに一夜の伽《とぎ》をする女性がいた。飯盛女である。彼女たちは、当時幕府が公認していた江戸吉原、京都島原、大坂新町の遊郭とは異なるが、まったくの私娼とも異なって、各宿場において幕府が黙認した形での存在であった。すなわち、万治二年（一六五九）、幕府は東海道各宿に対して遊女禁止令を出すが、これは増え続ける飯盛女に対して各宿での人数を限定するものであり、逆に飯盛女の存在を公然と認めることとなった。その後も、度重なる禁令にもかかわらず、その数は増え、享保三年（一七一八）には幕府も旅籠屋一軒につき二人の飯盛女を公認するまでに至った。しかし、建て前は遊女ではなく、あくまで給仕女であり、公用語として「食売女」の名が使われたのである。

彼女たちは、多くが年季奉公として身売りされてきた貧家の娘たちであった。しかし、飯盛女によって宿場のにぎわいが左右されるので、どの宿も競って彼女たちを抱えた。道中記には各宿の飯盛女の格付けが記されたものもあった。

膳所《ぜぜ》藩の記録によると、草津宿には天保九年（一八三八）当時六〇人の飯盛女がおり、二〇人を一組にして各組に取締人をおいていた。取締人は、銀入札をもって決められ、飯盛女の運上徴収や飯盛旅籠の統制をおこなっていた。運上を払うからには彼女たちは「鑑札」を受け、その存在が認められるとともに保護されていた。安政四年（一八五七）には、四六枚の鑑札があった。しかし、いつの世にも法破りは存在するもので、文政八年（一八二五）には、六町目旅籠屋伏見屋徳兵衛が鑑札もないのに奉公人に宿泊客の相手をさせ、そのうえ暴力沙汰まで起こし、草津宿を追放されている。

一方ではこの飯盛女たちの存在が宿場と近郷農村との確執を生むこともあった。たとえば、天保九年(一八三九)三月九日に出された草津宿助郷《すけごう》方からの願書(『膳所領郡方日記』)がある。

この願書には、近年草津宿で急増した飯盛女が、助郷や商いのために草津宿へ出る若者を誘うため、村の風紀が乱れて困るので、すぐ禁止してほしいというのである。このときの飯盛女の数は六〇人を数えた。「飯盛女所業取締方請書」にも、飯盛女の衣装も派手になり、近郷から所用で出向いた若者を無理やり引き止め止宿させ、そのうえ酒食代を貪って不法の取り計らいをしているとのことが記されている。

宿側でも、宿のにぎわいを慮《おもんぱか》った飯盛女の召し抱えを願い、先の助郷村方から出された飯盛女の差し留め願いとの間に立たされた

歌川広重画「五十三次名所図会・石部」
旅籠屋の風景

奉行所は、飯盛女や宿側からあがる利益よりも、宿場の風紀を重視し、五月十九日、飯盛女を三〇日間引き払うことを命じている。

これで飯盛女が草津宿から姿を消したとは思われないが、以前のように村の若者を誘うことはなくなった。

二　宿場町の機能と運営

宿場の運営と宿役人

東海道、中山道の街道と宿場は幕府道中奉行の支配で、宿が設けられた村にはそれぞれの領主がいたため二元支配となっていた。たとえば、草津宿では、宿が道中奉行の管轄下にあり、宿を含む草津村は膳所《ぜぜ》藩の支配下に置かれた。すなわち、宿場には同じ集落内に宿駅業務を担当する宿役人と、地方を統括する地方役人が両方いた。

宿場の最高責任者ともいえるのが宿問屋で、人馬継立《つぎたて》をはじめ宿場運営の一切を統括し、公用旅行者に対しては休泊などの世話もした。問屋は、戦国時代からの伝馬《てんま》問屋の流れをくむ在地の有力の系譜を引くものが多く、江戸時代には本陣職や、地方役人を兼ねたりする場合もあった。江戸時代中期以降になると、草津宿などでは入札によって宿役人を選出していた。問屋は二〜三名程度が一般的である。中山道の場合などは六〜七名といったところもあった。醒井《さめがい》宿の問屋役は一二名を数え、これは公用人馬を掌る問屋役とは限らず、商人荷物なども扱っていたと考えられる。その問屋が詰めて業務を掌《つかさど》るのが問屋場であるが、最初のころは問屋の家の一部で事務を執っていたところもある。東海道筋の問屋場の数は、一カ所が五三宿中四一宿で、三カ所を超えるところはみられない。しかし、中山道では醒井が七カ所、番場六カ所、柏原五カ所と、中山道筋で近江の宿場では問屋場数が多かった。

醒井宿問屋場（米原市）

問屋を補佐するのは年寄で、二名から五名程度いた。一般に問屋と年寄、そして役人の筆頭である庄屋を宿方三役といい、この三役が宿役人であった。

宿役人の下には帳付《ちょうつけ》や馬指《うまさし》、人足指などがおり、問屋から給銀が支給されていた。帳付は、問屋場で人馬の出入りやその賃銭の帳簿付けをするのが本来の業務であるが、実際には人馬の差配やそのほかの折衝業務にあたっていた。馬指は馬方の差配、人足指は人足の差配を担当し、場合によってはいずれかが兼ねて両方をおこなう場合などもあった。このほか、醒井宿では、常番盤時打役二人、夫役二名、助郷触役二人、諸大名方遠見役二人などを掌る役職も置かれていた。

通常は問屋や年寄は、道中奉行への嘆願

歌川広重画「東海道五十三次・石薬師」問屋場の風景

や隣宿との折衝などで不在がちのため、日常的な業務は、帳付が掌ることが多かった。さらに、草津宿では、問屋場が貫目《かんめ》改所《あらためしょ》を兼ねていたため、問屋が貫目改役を兼ね、馬指や人足指が貫目改の秤取《はかりとり》を兼ねていた。貫目改所は、宿人馬が運ぶ荷物の重量に制限があり、その重量を検査するところで、正徳二年（一七一二）に東海道の品川（東京都）、府中（静岡市）と草津、中山道の板橋（東京都）と洗馬《せば》（長野県塩尻市）に設置したものである。

宿場の財政

宿場の運営にかかわって宿財政はどうであったか。広義の宿場全体の町財政は別として、問屋場における宿場経営については、伝馬制に基づく人馬提供が義務付けられ、その代わりに伝馬屋敷地の地子《じし》免除や、伝馬に余裕があれば駄賃稼ぎを認めたが、その賃銭はつぎで触れる無賃や公定賃銭といった低廉な賃銭であるうえに、これらの人馬継立賃銭は宿財政に計上されなかったところが多い。したがって、宿場を運営するうえで、財政状況は常に厳しかった。そこで、幕府としても宿場に対してさまざまな助成をおこなっていった。寛永十三年(一六三六)には、東海道筋の宿場に対して銭一〇〇貫文ずつを下し、二年後の寛永十五年には、常置人馬数を一〇〇人・一〇〇疋に増やして地子免除地の拡大や米を下すなどした。その後も飢饉などのときには救済米を支給したり、不足伝馬に対して拝借金などを下付したりもしている。宿財政については、問屋関係資料のなかの財政帳簿などによってうかがうことができる。

人馬の継立とその賃銭

伝馬制に基づき、宿継ぎのシステムが確立されたが、その宿継ぎには無賃のものと賃銭が必要なものの二種類がある。無賃のものには、伝馬朱印が押された朱印、特定の幕府役人が発行した証文が主なもので、これ以外にも馳走人馬という朱印、証文などに記された人馬数以外に領主、宿問屋の裁量で余分に出すものがあった。一方、賃銭が必要なものにも、幕府が定めた御定《おさだめ》賃銭と継ぎ

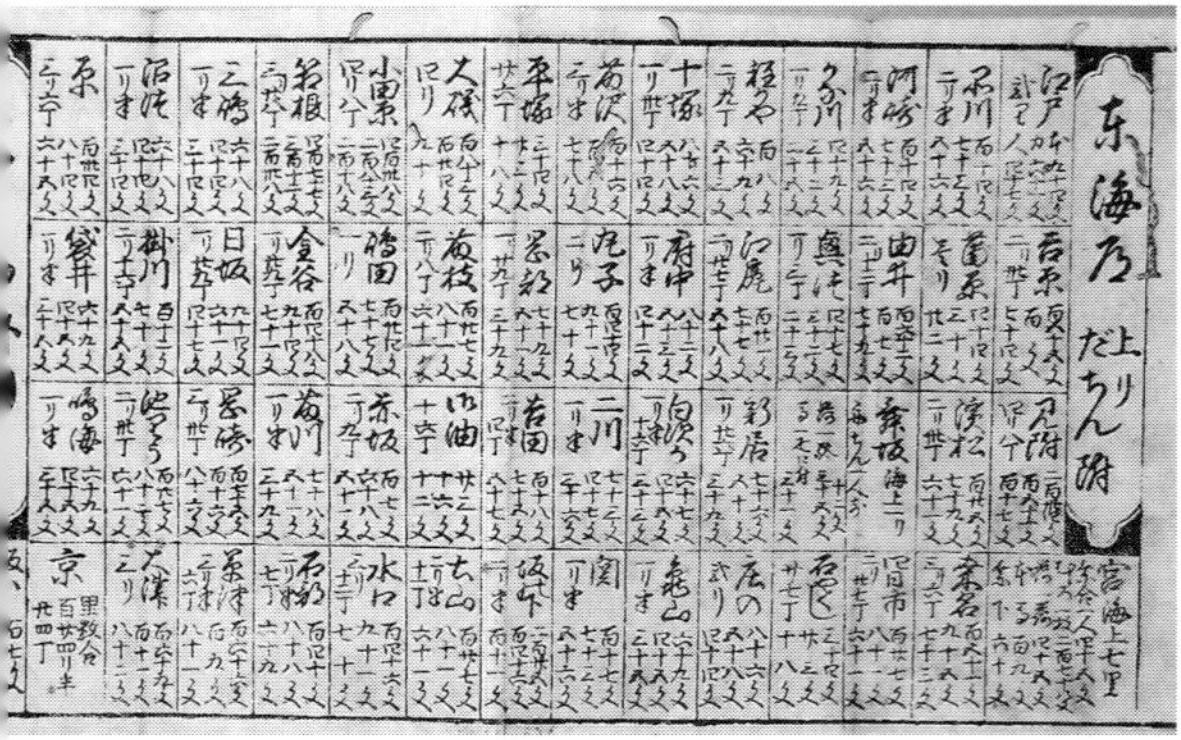

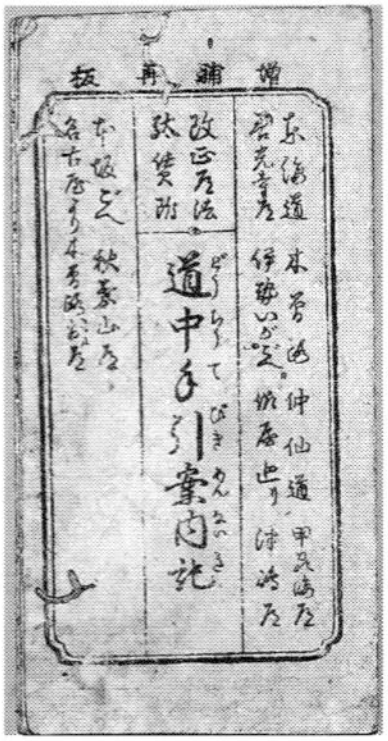

立てる側と荷主、旅人など双方で金額を決める相対賃銭があった。

無賃の継ぎ立てで、朱印というのは、徳川将軍家の発行する伝馬朱印(駒牽朱印《こまひき》)を下付されたもので、その対象となったのは享保八年(一七二三)の規定では、公家・門跡衆、大坂御目付、宇治御茶御用、国々城引渡・巡見御用など二三項目にあてはまるものである。証文は、老中・京都所司代・大坂町奉行・大坂城代・駿府町奉行・駿府城代の発行する証文をもつものであった(『駅肝録』)。

御定賃銭は、幕府が定めたものであり、本来は無賃の対象となるもの以外すべてに適用されるべきものであったが、その賃銭が低廉であったため、のちに一種の特権として意識されるようになり、各藩の大名や日光例幣使《れいへいし》などの通行に適用された。

また、無賃、御定賃銭によって使うことのできる人馬数は限られており、一定数を超えた場合には、超過分を無賃は御定賃銭で、御定賃銭は相対賃銭でまかなうことになっ

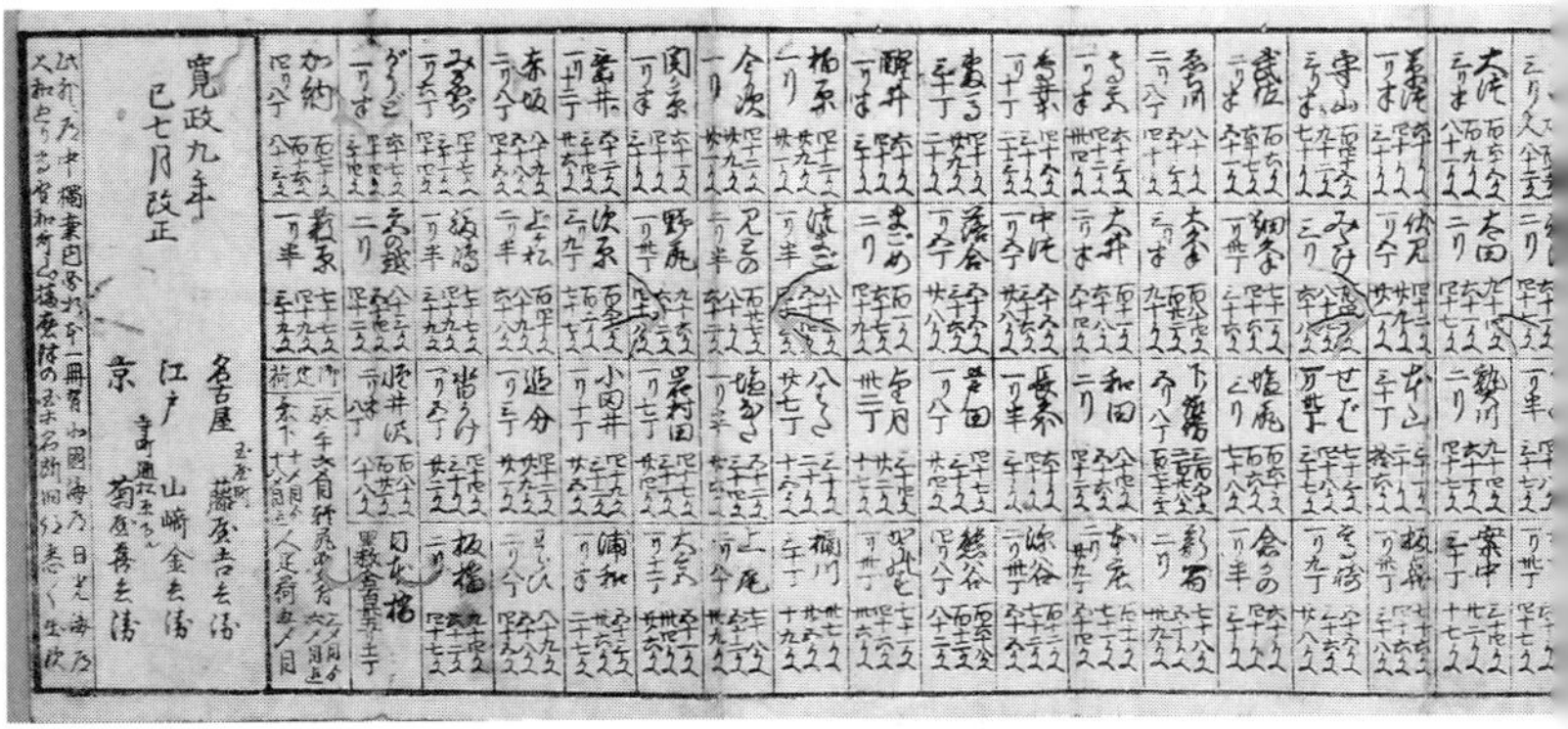

寛政９年（1797）「道中手引案内記」東海道・中山道の駄賃一覧

ていた。

御定賃銭は、正徳元年（一七一一）五月に規定されたものが「正徳の元賃銭」と呼ばれ、各宿場に駄賃札として掲げられた。以後は、これが基準となり「正徳の元賃銭」の何割増と標示された。この割増は、原則として期限付きのものであったが、中山道醒井宿のように、天保七年（一八三六）からは天保十二年までの五年間、それまでの一割五分増に加えて、さらに三割増、合計で四割五分増といったような、割増を追加する事例や、期限切れが近づくと再三延長を願い出る事例、文久二年（一八六二）三月からは一年間、四割四分増に加え三割増、そしてその期限が切れた慶応三年（一八六七）三月には一年間、四割五分増、三割増に加えて二割増で、九割五分増となる事例など、江戸時代の後半期になると割増の状況が常態化していた。

近江の宿場の中で特徴的なのは、草津宿で東海道の上り石部宿、下り大津宿、中山道守山宿に加えて、草津—大津間の矢橋《やばせ》の渡しの渡し場であった矢橋湊までの賃銭が上げ

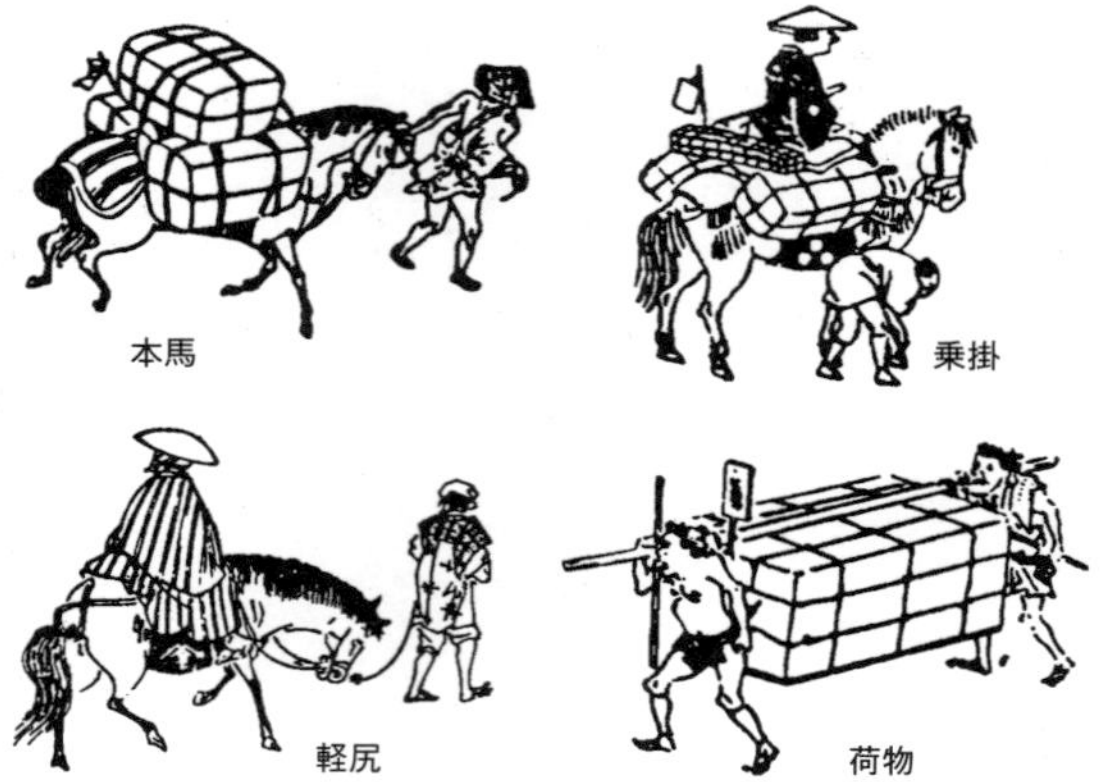

人馬継立の荷物の付け方

られていることである。そのほか、個々の人馬賃銭については、各宿場の部分で取り上げる。

さて、元賃銭に記されている人足、荷物、乗掛、軽《から》尻《じり》とは、荷物の付け方と重量のことで、慶長六年（一六〇一）の伝馬定書では、伝馬一疋の重量が三〇貫目とあった。しかし、翌年には三二貫目、駄賃をとる場合には四〇貫目とし、乗掛は一八貫目まで、さらに距離によって比例し、坂道なども考慮して決められていた。元和二年（一六一六）に、伝馬・駄賃馬ともに四〇貫目に統一し、以後これが基本となった。ちなみに、乗掛は馬に荷物を積み、人一人が乗るもの、軽尻は人のみで、手荷物五貫目までであった。

宿場を助けた助郷…？

元来、近世の宿場町では、幕府の規定により、土山宿など東海道では一〇〇人・一〇〇疋、柏原宿など中山道では五〇人・五〇疋の人馬役が定められていた。しかし、規定の人馬を常備することのできない場合は、宿とともに常時人馬を負担する村があり、さらに宿駅の機能を円滑にするため、宿場のまわりの村を助郷《すけごう》に指定し、加宿《かしゅく》とした。中山道守山宿の今宿村や吉身村がそうである。加宿では、その負担は宿により異なるが、守山宿の場合は、宿が三分の二、加宿の今宿村と吉身村両村の三分の一を負担していた。

助郷は、もともと臨時的なもので、大きな通行に際しては、幕府の指示によって近在の村から、宿と村との相対によって徴発したため、相対助郷と呼ばれていた。これが寛永年間（一六二四〜四四）の参勤交代の制度化によって通行が増え、宿に常置する人馬数を増加し、なおも不足は恒常化したため、村高に応じて人馬を徴発する助馬《すけうま》制を導入したのである。この助馬制は、万治元年（一六五八）までに整備され、寛文年間（一六六一〜七二）には定助《じょうすけ》・大助《おおすけ》の区分が生じて、のちの助郷制度の原型が築かれた。

幕府は、元禄七年（一六九四）二月に、東海道・中山道および美濃路の各宿場に対して道中奉行と勘定奉行連印の助郷帳を下している。そこには助馬制のもとで指定された定助・大助の村名と助郷高、そして宿問屋からの要請があった場合には、人馬を差し出すことが記されている。さらに、享保十年(一七二五)十一月には、定助郷、大助郷の区別をなくし、すべての助郷を定助郷へと一本化を図った。これ以降、慶応四年(一八六八)の助郷の海内同一化まで、原則として助郷村が宿場の伝馬役を支えることになった。

さて、宿場に常置されていた人馬数は一〇〇人・一〇〇疋が原則であったが、実際はそうではなく、一疋の馬が一日に二回稼動すれば二疋と数えることもあった。宿場では、人馬役をできるだけ助郷に転嫁することを考え、囲《かこい》人馬をおこなった。これは、常置人馬をすべて使い切ってしまうと、緊急の場合に困るので、一定数の人馬を残しておくというものである。一般的には宝暦八年(一七五八)から三〇人・二〇疋の囲人馬を置くようになったといわれている。天保十四年(一八四三)ごろには、ほとんどの宿場で五人・五疋の「定囲《じょうがこい》」と二五人・一五疋の「臨時御用囲」の人馬を確保している。この囲人馬分の三〇人・二〇疋が助郷に転嫁され、実際に人馬を使いきらないうちに助郷への人馬徴発がおこなわれたことから、しばしば宿場と助郷との間で確執が起こっている。

伝馬制も定助郷の制度確立によって、スムーズにおこなわれるかにみえたが、宿場の通行量は増え続け、定助郷のみでは回りきれなくなってきた。そこで大規模通行に限って、臨時的に助郷を負担する村を定めた。これが加助郷で、御三家や公家、門跡の通行時に助郷役を負担させている。

助郷を負担する村々が疲弊してくると、代わりの村を指定して解除や休役を願い出た。代わりの村を指定すること、その指定された村を指村《さしむら》といい、この制度を代助郷といった。ただ、助郷を負担させられた村々では、参勤交代の時期などは農繁期に負担させられることも多く、銀納で済ませることなどもあったのである。

このように助郷制度は、宿場にとっては、その負担を軽減するものであったが、一方の助郷として指定された農村の側では、負担を強いられることとなり、宿と助郷、助郷相互での確執が存在した。

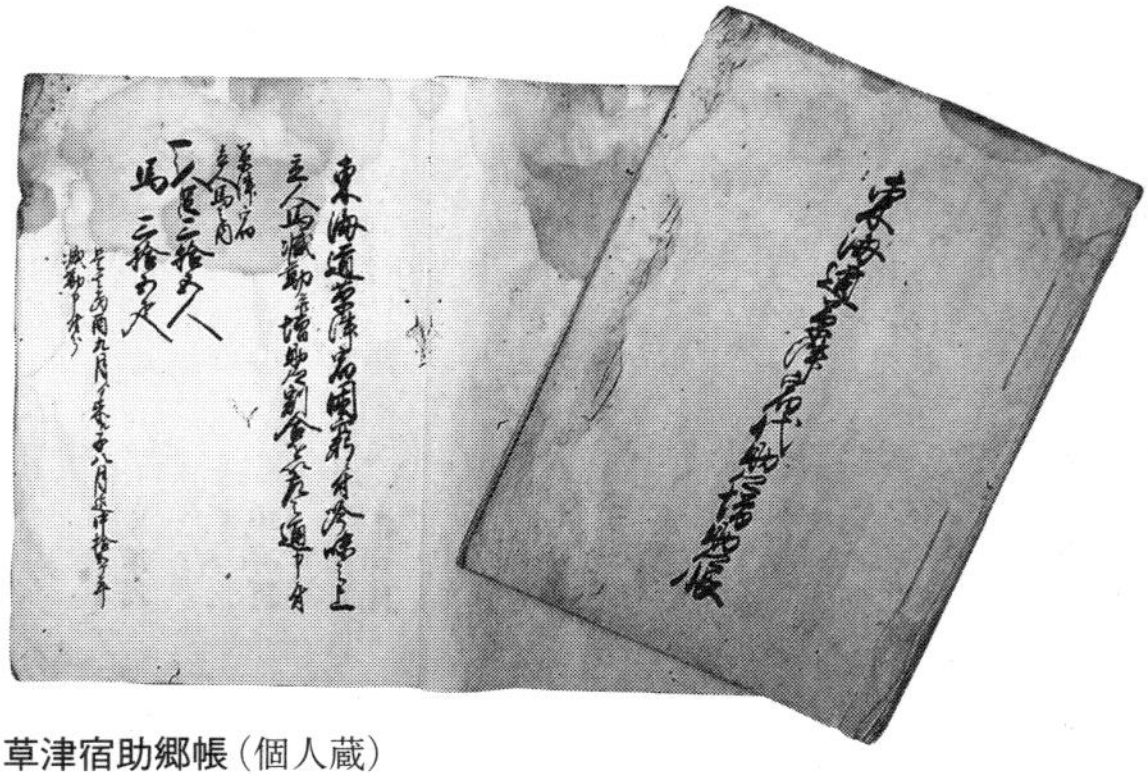

草津宿助郷帳（個人蔵）

東海道の宿駅であった草津宿でも、元禄七年（一六九四）には、大助郷二九カ村が設定されていた。助郷制度は、もともとは臨時的な措置であったが、次第に恒常化したものとなり、助郷を課された村々では、しばしば宿との対立を招いた。宝永七年（一七一〇）に助郷二九カ村との間で騒動が起こっている。これは、琉球使節の美里《みさと》王子、豊見城《とみぐすく》王子一行の通行に際しての出来事である。この時徴発された人馬は二二二三人、四五〇疋という大規模なものであった。この人馬は水口から大津まで、継ぎ立てなしの通し立てとなったので、水口・石部・草津の三宿で均等に負担することになり、草津宿では七四一人・一五〇疋を提供することとなったが、草津宿では宿人馬は一切出さず、従来助郷に課せられなかった人馬の徴発が、残らず助郷に出されたのである。これに対して、草津宿大助郷二九カ村の惣代らが京都町奉行所へ訴えた。三カ宿が申し合わせて助郷に人馬役を命じたのは不法であるとの訴状であるが、その実態は詳《つまび》らかではない。しかし、このことは草津宿と助郷の間で、すでに助郷の制度そのものに矛盾をはらんでいたことを物語っている。また、正徳三年(一七一三)には、草津宿の助郷人馬を宿内の十左衛門・太右衛門・勘三郎の三名が賃銀によって請け負うといったことも確認されている。この年から一二年後の享保十年(一七二五)に幕府が道中奉行をして従来の助郷制の不備を正し、より完全なものにするより前の出来事であった。その過程において、草津宿では助郷を賃銀で請け負う仕組みが存在しており、まだまだ助郷制として体系化されるには程遠い状況であった。

そして、享保十年には、大助郷と定助郷の区別をなくして草津宿の定助郷二九カ村が定められた。二九カ村は、栗太《くりた》郡の村々で野路《のじ》村や岡村・矢倉村・大路井《おちのい》村など、草津宿を中心におおむね一里の距離圏内に位置する村々で、村高一〇〇石につき人足二人、馬二疋の負担で、「草津町之助郷申し付け候間、相触次第ニ人馬滞り無く村々より出す可き」ことが定められていた。

その後は、定助郷の負担軽減を図るため、増助郷や代助郷といった制度が確立された。草津宿でも安永三年(一七七四)には、一一カ村が増助郷として指定された。さらに幕末に至っては、宿駅の疲弊によって公定された宿の常置人馬が継ぎ立て不可能なため、減勤された勤高の穴埋めとして加宿助郷、まさしく臨時的に負担する当分助郷などの制度が設けられ、宿駅の人馬継ぎ立てを担っていったのである。

こうした助郷制度の変遷のなかで、宿勤と助郷の相克は、街道筋の各宿で見られたことである。宿の常置人馬を遣い切った段階で助郷触れを出すのが本来であったが、草津宿の場合、文政四年（一八二一）には、宿と助郷の人足の負担比率において、助郷が六割を超え、宿勤めは四割を切る状況であった。このことは、宿駅の人馬負担において、次第に助郷への依存が顕著になってきたことを示すものである。さらに慶長六年（一六〇一）の伝馬定書による伝馬制の成立から、人馬継立により宿駅の地子免除が認められているのにもかかわらず、無賃の人馬継立は助郷に触れ当て、宿駅の人馬は賃銭がもらえる人馬継立に従事する傾向があった。

草津宿では、宿駅の常置人馬と助郷人馬の徴発をめぐり、寛政九年（一七九七）から同十一年にかけて宿と助郷の村々との間で紛争が起こっている。この騒動では、宿と助郷の対立の構図に加えて、草津宿が膳所藩の支配であったことと、草津宿周辺の村が膳所藩領のみでなかったことから、助郷の村々においても膳所藩と他領の間での確執も加わったことで、より複雑なものとなった。また、このころ草津宿では、商人荷物の継ぎ立てについても、助郷からの不満が高まっていた。

草津宿の宿役人で、問屋役を勤めた『宇野源右衛門家文書』にある、寛政十年（一七九八）の「助郷一件」記録では、宿人馬と助郷との人馬遣いについて、双方の対立が記されている。草津宿では、一〇〇人・一〇〇疋の常置人馬に対し、危急の要に供するため、五人・五疋について囲人馬として留置することとなっていた。したがって、草津宿は九五人・九五疋を遣いきった時点で、助郷への徴発がおこなわれた。

しかし、草津宿では寛政十年(一七九八)、宿人馬を遣いきる前に、隣宿や近郷馬を雇い立て、双方で九五人・九五疋を準備したというのである。この根底には、先述したように、草津宿が公用荷物の継ぎ立てに人馬を負担するより、分のよい商人荷物を相対賃銭で継ぎ立てる方を望んだためで、公用荷物を継ぎ立てることで草津宿には御手当金が下されているにもかかわらず、その負担を助郷に強いていることに対して助郷の不満は収まらなかったのである。

寛政十年五月(一七九八)五月十五日には、宿と助郷の双方が、規定どおり宿常置人馬を遣いきったのちに助郷に触れ当てることで和談した。

しかし、この年の十一月に至って、草津宿は人馬役を負担する家々の困窮を理由に、再度京都西町奉行所へ吟味を願い出た。西町奉行所では、改めて大津・石部・水口《みなくち》・土山の東海道筋四カ宿の宿役人を取噯《とりあつかい》人として、草津宿と助郷を呼び出して内済、和談を命じている。この願書では、宿と助郷は「一体之事ニ付」き、和融を説いている。しかし助郷側でも、このときの訴えに対して取噯人となった四カ宿の宿役人が、草津宿へ贔屓《ひいき》の感があるとして、翌十一年二月に西町奉行所へ訴え出た。西町奉行所からは、助郷方も取噯人を推挙する旨の指示があり、大津・守山・石部の助郷村から三名を選出したが、このことで草津宿対草津宿助郷の問題が、近江の東海道筋宿駅対草津宿助郷という構図になってしまった。

加えて、助郷においても草津宿を領分とする膳所藩領の村々と、他領の村々の間での確執が表出してきた。定助郷二九カ村のうち、一三カ村が膳所藩領であることから、一〇〇人・一〇〇疋のうち五〇人・五〇疋を宿負担とし、残りを助郷に負担させることで領内の村々に触れ出した。しかし、他領の村々はこのことに承知せず、宝暦八年（一七五八）四月十六日付で、道中奉行から出された「人馬触当方規定」にあるとおり、一〇〇人・一〇〇疋の宿人馬を遣いきったのち、助郷がこれを補完するという御定法の原則を主張した。草津宿と助郷の問題を、膳所藩が領内の村々への対処に当たったことで、余計に他領の村々の怒りをかったのである。草津宿人馬の半数を継ぎ立てに遣った残りを助郷に割り当てるが、残り半数の人馬割り当てにおいても、「前後入交り」とみえ、宿と助郷の双方で負担するという形になっており、膳所藩領の村々では、藩からの触れによって従わざるを得なかったが、他領の村々にとっては到底納得のいくものではなかった。助郷の側では、宿駅における一〇〇人・一〇〇疋という人馬継立は、公的な御手当金が支出されているにもかかわらず、その人馬を準備することなく、助郷へ触れ当てることは理外の申し方であると主張する。定助郷に対しても、幕府は賃銀を与えているが、その金額は助郷人足一日分の飯料や宿泊料の半分にも満たない状況で、その不足分は助郷を出す村の負担であった。助郷の負担が課せられるうえに、金銭的な村の負担も増えて難渋は避けられないとしている。そして、この願いを江戸表の道中奉行にまで出向き、御手当米の増額を願い出るとしているのである。

この一件は、京都西町奉行で収めることができず、結局は幕府道中奉行の裁許にまで至ったのであるが、その結末については史料が確認されていない。しかし、道中奉行がこの嘆願を聞き入れたとは思われず、助郷制度は矛盾をはらみながらも村々へ負担を強いることとなる。

このように、宿駅における伝馬役負担について、宿と助郷の対立は多く指摘されているが、助郷の村々の領主の違いによってさらに複雑なものとなっていた。宿人馬本来のあり方を、経済的な困窮を理由に益の大きい商人荷物などの継ぎ立てを優先させたことがこのような問題を表出させたといえる。

宿駅制度の終焉

幕末から維新にかけての動乱は、街道筋の村々にも影響を及ぼした。文久年間以降、中山道筋では文久元年（一八六一）の和宮《かずのみや》降嫁や慶応元年（一八六五）の長州征伐のための家茂の上洛など、大規模な通行が続いた。幕府の宿駅制度においても、この時期になってさまざまな矛盾が露見した。慶応三年（一八六七）九月、旅籠屋の宿泊賃や人馬賃銭の改定や、万石以下の通行時には無賃人馬の廃止など、改革を進めた。同年十月、「是迄、追々相触れ置き候宿余荷助郷ならびに当分助郷村々、当十月限り一同免除せしむ」として（『近世交通資料集』九）、宿余荷と期日を定めていない当分助郷の廃止を定めた。

慶応三年十二月九日、王政復古の大号令が下され、翌四年正月七日に新政府は徳川慶喜の追討令を出した。二六〇年余り続いた幕府政治に終止符を打つこととなった。そして、江戸幕府のもとで宿駅制度として機能していた水陸の運輸事務が、新政府では慶喜追討令から一〇日後の一月十七日に内国事務総督の所轄となった。そして四月一日には宿駅役所が設けられ、閏四月二十一日の太政官職制の改定によって、運輸駅逓《えきてい》に関することは会計官の被官である駅逓司の所轄となり、役所の名称も宿駅役所から駅逓役所に改定された。

新政府は王政復古の名の通り、職制についても律令時代の呼称を復活させようとした。江戸時代の「宿」に対しては「駅」の復活を意図し、先の所轄役所なども「駅逓」と称している。宿内でも、慶応四年六月の駅逓改正仕方書で問屋を伝馬所と改称、宿役人や助郷惣代も新規に伝馬所取締役と改めた。また、東征のための軍事輸送の体制づくりとともに助郷制度の改革にも着手した。慶応四年三月四日には、従来助郷を免除されていた宮・堂上方《どうじょうかた》領にも東征中に限って助郷負担を課した。次いで、五月八日には、駅逓布告によって、宿駅に近い御領や宮・堂上方の家領、寺社領を含め、村高の四割を助郷勤高とし、とりあえず東海道筋では七万石、中山道筋ではその半分にあたる三万五〇〇〇石の助郷高を付属させ、定助郷や代助郷など、それまで複雑であった助郷の呼称を改定したのである。武佐《むさ》宿にも、駅逓役所からの布告が回達された（『蒲生《がもう》郡志』巻八）。このときの助郷として組み替えられた村々は、船木村・北之庄村など八二カ村である。この八二カ村の中には、武佐宿近隣の村ではまかないきれず、河内の丹北郡の五カ村も含まれており、「諸引高の残高の内、四分通りを以て中仙道武佐宿之附属致し、御用滞り無く相勤め」るよう指示された。

元号が明治に変わり、明治元年（一八六八）二月、新政府は内国事務局中に諸国水陸運輸及び駅逓の職を置き、「各村親征ノ為ニ其助郷人馬ノ令」を出したが、宿駅や助郷も窮乏を訴えているので、「旧慣ヲ更革シ海内一般異同ナラ助郷課役ヲ命ズ」ることとした（『駅逓志考証』）。

これらの助郷制の改変と併せて民部省から府県藩に、従来の宿駅・助郷間の不勤にかかる係争について二通の布告が下された。この二通は、江戸時代からの係争について、各管轄内で示談を済ませ、双方へ勘弁を加えて明治三年七月までに対談を済ませることと、明治元年以降の不勤係争にかかわるもので、付属村々は当年三月限りで解除するため、同様に七月までに不勤の村々は完済することを指示したものであった。

新政府では、江戸時代の交通政策を徐々に改変していったが、明治二年正月に関所を廃止、翌閏十月には本陣・脇本陣の名目を廃止することが決まった。

三　宿場町の通行と休泊

参勤交代

東海道、中山道の宿場では、さまざまな通行を迎えなければならなかった。近江の宿場では、通行や休泊に際しての準備や饗応に追われた。街道をゆく通行で、もっとも知られているのが参勤交代の大名である。

参勤交代とは、領国をもつ大名や小名や万石に近い知行地を有する旗本らが、江戸へ出府して勤めることで、正式には「参覲」と書く。また国許へ帰ることを「交代」といって、武家諸法度の中に参勤交代の規定が記されている。元和三年(一六一七)の武家諸法度に参勤交代のことが記され、このころは二、三年に一度の参勤でよかったのが、三代将軍家光の寛永十二年(一六三五)六月二十一日の武家諸法度で「大名・小名在江戸交替相定める所也、毎歳夏四月中参勤致す可し、従者之員数近年甚だ多く、且国郡之費、且人民之労也、向後以て相応の少に減ず可し、但し上洛之節ハ教令に任せ、公役者分限に従う可き事」と記され、このときに一年ごとの交代を定めた。参勤の通行については、その道筋を幕府へ届けており、容易に変更することはかなわなかった。文政五年(一八二二)の『五街道通行之大名衆頭書』によると、東海道通行の参勤大名が一〇五家、文政七年(一八二四)の中山道通行は、一二三家を数えた。ちなみに、文政四年の武佐《むさ》宿の通行を見てみると、三月十九日に松浦肥前守、四月二日に日光例幣使《れいへいし》、翌三日紀伊大納言、同月九日に京都二条大御番森川下総守《しもうさのかみ》、同月十三日に加納大和守、同日高家衆今川丹後守、同月十四日に水野遠江守《とおとうみ》、同月十八日に山口周防守《すおう》、五月十二日に秋月筑前守、八月五日に高家衆横瀬駿河守、九月十三日に高家衆戸田備後守《びんご》、同月十四日に高家衆宮原弾正大弼《だんじょうだいひつ》の通行があった（『近江蒲生《がもう》郡志』巻八）。これらの通行時には、宿駅や助郷《すけごう》村への人馬提供が強いられたことはいうまでもない。

高宮宿では正徳二年（一七一二）の大名などの通行は、正月から七月までに四一回を数える。この四一回の通行に、一二〇四人、一五三七疋の人馬が使用されている。また、鳥居本宿では、本陣寺村家の記録によると、文政十二年（一八二九）から天保十二年（一八四一）までの十三年間に一六一回の利用があった。

佐土原藩主の病死と妻随真院

参勤交代の大名たちの通行にかかわり、その途上にあった宿場ではさまざまな出来事があった。草津宿において参勤交代の通行で大きな事件のひとつとしてとりあげられるのが、天保十年（一八三九）四月の出来事である。

天保十年四月七日、日向《ひゅうが》国佐土原《さどわら》（宮崎県宮崎市）藩主島津飛騨守忠徹《ただゆき》は、江戸へ参勤の途中、伏見を発って草津へ向かっていた。草津宿では、定宿であった九蔵本陣に泊まる予定であったが、前日佐賀の鍋島桂山の遺骸が江戸からの帰りに宿泊していたとの理由により、急きょ七左衛門本陣の宿泊に変更となった。

忠徹は長旅の疲れからか、伏見を発ったときから体調はすぐれず、草津着の夕刻、彼の様体は悪化し、本陣の玄関から上段の間へと至る廊下で二度も昏倒するありさまであった。侍医の菊池泰市と飯田玄仲が手を尽くしたが、その甲斐もなく同夜亥の刻にこの世を去った。草津宿本陣に残る「大福帳」にはその経緯が克明に記されている。

当時、大名の跡目相続は、党首の生存中に幕府へ届け出、許可を得ることを原則としていた。ところが、佐土原藩主の嗣子《しし》はまだ幼かったため相続の許可がおりていなかった。そのため、藩主の死を公にすることができず、供の家臣たちは大変な慌てぶりであった。藩主の死により、跡目が決まっていないとなると、御家断絶、藩の取り潰しにもなりかねない。当初、応急の善後策として、病の体として大坂屋敷に引き取ろうともしたが容易にことが運ばず、結局草津の七左衛門本陣に逗留することとなった。交通の不便な時代に、国許の日向佐土原と江戸へ、何回となく草津

佐土原本陣紙札（草津宿本陣蔵）

の地から使者が遣わされた。その返報を待って処置する不便さは、島津忠徹の死去の報を公にするまで五〇日近くを要したことからもうかがい知れる。降って湧いたような災難は七左衛門本陣でも同様であった。一行の逗留期間がいつまでか目処がたたず、他の休泊を請けるわけにもいかず、またその理由を口にすることも許されず困惑するばかりである。

五月二十五日、ようやく幕府から跡目相続の許可がおり、翌二十六日に藩主忠徹の逝去が公表された。それから五日おきに膳所《ぜぜ》藩から見舞いが届けられ、家中からの見舞いも続々と本陣に届けられた。六月十三日、江戸から藩士山口平之助によって位牌が届けられ、十五日には藩士海江田彦太夫が佐土原へ遺髪を届けている。遺骸は六月二十五日、京都町奉行所から関所手形を受け取り、中山道を江戸へ向けて出発した。出発に先立ち、本陣への支払いがなされた。その額は、忠徹の宿料と上段向普請料として金三〇〇両、一行四八人の四月七日から七七泊分宿料として銭一一一八貫二八七文、本陣の内儀には金五〇〇疋、手代二人に金一〇〇疋、下働きの者たち九人に金二〇〇疋、さらに下宿へも金三〇〇疋と礼を尽くしている。

ちなみに、島津忠徹の休泊初日に宿料として金二〇〇疋が支払われた。しかし、その後は、逗留期間も定まらず頭を抱え込む本陣に対して同月九日、金二〇〇〇疋と上下《かみしも》紋付が与えられた。これは口止め料であろうか。さらに、棺が本陣を出た五月十七日には米一〇俵が与えられた。その後も明治に至るまで、毎年五月十七日には佐土原藩から米一〇俵が届けられた。

本陣にとって、この間、定宿客や予約客に対して十分な説明もできないまま、九蔵本陣や脇本陣へと振り替えて急場をしのいだ。また、忠徹の遺骸が本陣を後にしてからも、上段の間が普請中のため、九蔵本陣や脇本陣、さらには姥《うば》が餅《もち》屋にまで振り替えている。上段の間の普請が終わり、平常の業務に復するのは、十月三日のことであった。本陣では、遺骸が江戸へ向かう際に、当主が愛《え》知川《ちがわ》宿まで見送っている。

この事件から二三年を経た文久三年（一八六三）三月二十九日のことである。

見るにさへ　袖ぞしぼるる玉の緒の　はかなく消えし　宿にとひきて

亡くなった忠徹の正室随真院《ずいしんいん》が、国許の佐土原への帰途、草津宿で詠んでいる。彼女は江戸生まれ、江戸育ちで六三歳にしてはじめての帰国であった。明治維新を目前に、文久二年八月、幕府は参勤交代制を緩和。隔年参勤制から三年に一度に改められ、大名の家族も国許へ帰ることが許された。このことによって、随真院も帰国が許され、二つの目的を果たすために江戸を後にしたのである。ひとつは夫・忠徹の遺骸を佐土原へ帰し、手厚く供養すること。もうひとつは、急死した本陣と亡くなった日時の確認のためであった。

彼女の記した『江戸下り道中日記』によると、文久三年三月八日「このたび、おほやけの仰も有り」て江戸を引き払い、五月十三日に佐土原へ着くまで六五日間の長旅であった。忠徹の遺骸の通った中山道を近江に入り、三月二十九日に草津へ着く。彼女の旅日記、草津の個所の冒頭に先の和歌がしたためられている。夫の玉の緒、すなわち命がわずか一夜にして絶えてしまった。しかも家督相続の手続きからとはいえ亡夫の遺骸が五十日余りも眠りつづけた草津宿本陣。いまはるばると訪れ、夫がここで倒れ、急逝したことを実感として受けとめ、思わず涙がこぼれ出た。佐土原に着いた随真院は、十二月に夫の遺骸を江戸から移し供養をおこなっている。

象や駱駝も宿場を通った

街道はさまざまな人や物が通る。中でも街道沿いの人々の耳目を驚かせたのは、動物の通行であった。『東海道名所図会』の草津追分に描かれた犬や猿などの小動物はともかく、象や駱駝《らくだ》が街道を通っていったのである。

享保十四年（一七二九）六月、清国の商人鄭大威《ていたいい》によって、八代将軍吉宗への献上品として交趾国《こうち》（ベトナム）から象二頭がもたらされた。このうちの一頭は九月に長崎で病死したが、残る一頭が翌十四年三月十三日に江戸へ向かった。長崎奉行の指揮下で厳重に執りおこなわれた象の通行は、陸路三五四里を二カ月あまり要して移動した。象が一日に歩く距離は三～五里で、仏画などでしか見ることのない想像上の動物は、沿道の人々の興味を引いた。

四月二十日大坂へ着いた象は、四日間大坂に逗留したのち、大坂を発って二十九日大津へ入った。

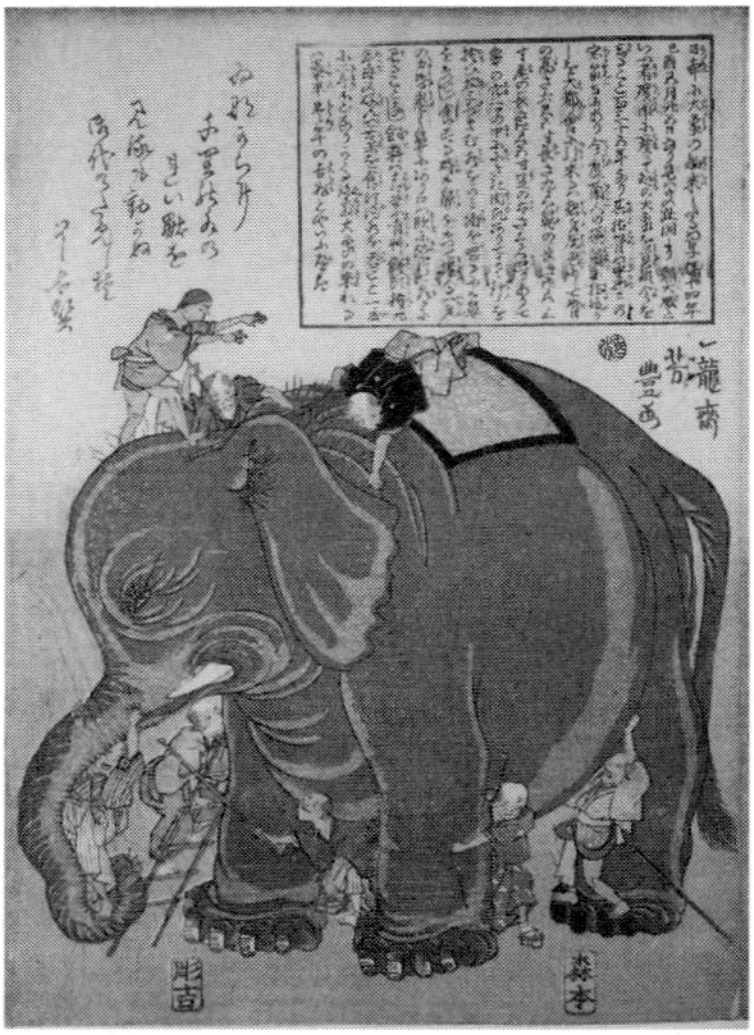

一竜斎芳豊画「大象の図」
（中山道ミニ博物館蔵）

その日は草津で泊まり、中山道を東へ向かって翌日は武佐宿で泊っている。この通行に際して武佐宿問屋から西生来《にしょうらい》、西老蘇《おいそ》、東老蘇、石寺、清水の村々の庄屋に宛てて、道筋一町に一カ所ずつ手桶を設置して水を準備すること、象の通行の前日から犬や猫を遠いところへ移すこと、象が到着する前から明けの鐘そのほか寺の鐘、夜番の拍子木など音の高いものの差し止めるよう指示している（滋賀大学経済学部附属史料館蔵岩越家文書）。また、この象の通行をめぐって、各地でさまざまな情報が行き交った。『象御領内通候一件』によれば、象の通行の際には、人が大勢出て騒ぐと差し障りになるので、騒がないようにすること。象の飼料は、竹の葉・青草・藁《わら》であるが、道筋では絶えず青草を食べるので青草のないところでは竹の葉を準備すること、青草は一日三〇斤（約一八〇キログラム）食べるので、少しずつ準備しておくこと。象の飲み水は清水を準備すること。水の流れの早い川では、人が大勢出て差し添えば不都合なく渡れるので、歩行渡しの川ではそのように心がけること。渡船の川では、馬が三〜四頭乗れる船を準備すること。象の宿泊する厩《うまや》では、大ぶりで丈夫な厩にするよう心がけること。また、象の大きさは、丈が七尺ほど、頭から尾先までが一丈一尺、横幅が四尺ほどあるので、万事心がけておくこと、などが指示されている。武佐宿では、この指示を受けて前宿である守山宿まで使者を差し向け、象の通行にかかわる情報を収集に出かけるなど、種々の準備を進めている。

駱駝は、文政四年（一八二一）六月、長崎にペルシャ産のヒトコブラクダの牝二頭が長崎に上陸した。駱駝は、幕府の献上用としてもたらされたが、幕府が受け入れなかったため、のちに大坂の商人にわたり、全国を興行してまわった。

駱駝は、長崎を出て文政六年には大坂へ。大坂の難波新地で七月二十一日から興行が催されている。そして、その後は中山道を江戸へ向かった。松浦静山の『甲子夜話』には、文政七年（一八二四）には、江戸両国橋向かいで見世物興行が催されたことが記されている。各地で催された駱駝の興行は、象とともに錦絵などによって広く紹介されたことによる。浮世絵師歌川国安が描く駱駝に、戯作者で江戸のコピーライターとも称された山東京伝の文を加えた錦絵などが知られている。また、江戸や大坂などの都市部では興行の前に瓦版が発行された。その途中、

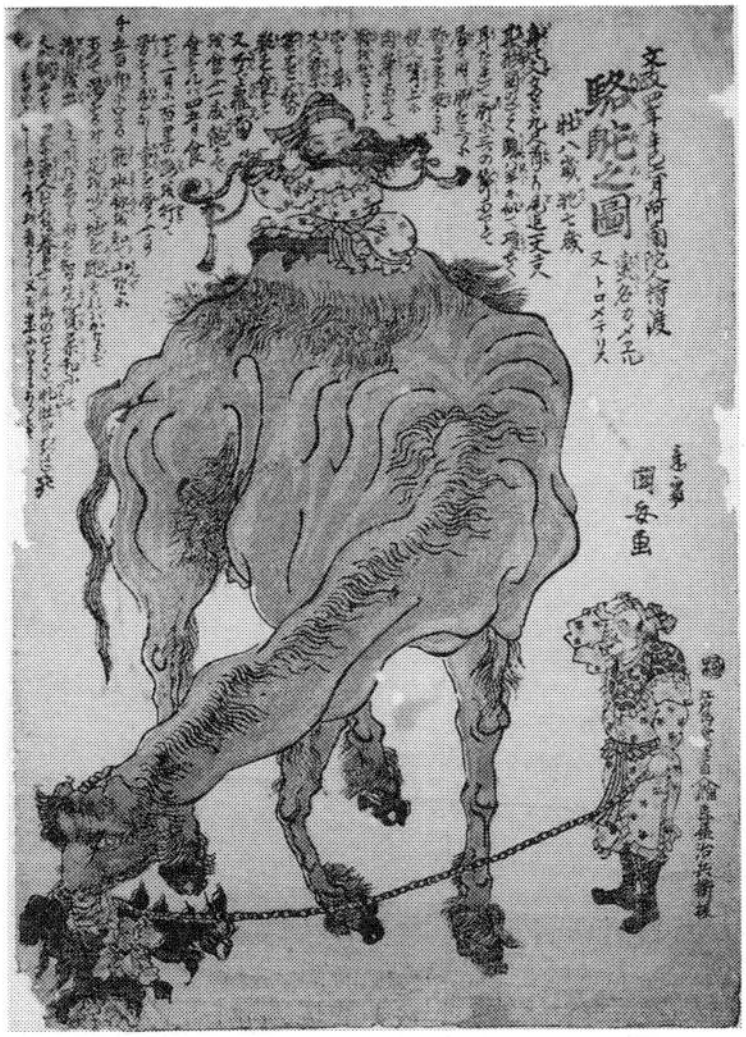

歌川国安画「駱駝之図」
（中山道ミニ博物館蔵）

近江を通ったと思われるが、駱駝の通行に関する記事はほとんど見られない。しかし、先に述べたように絵画でしか見たことのない動物の通行は、人々にとって驚きでもあり、興味を抱かせるものであったに違いない。

茶壷に追われてト・ピシャ

御茶壷の通行もあった。これは、毎年宇治の新茶が江戸の将軍のもとへと献上されるもので、寛永九年(一六三二)、宇治から将軍家光に新茶が献上されたことに始まる。献上であるので、宇治から江戸へ向かう行列だけかと思うが、そうではなく御茶壷を迎える一行が宇治へ向かって通り、次は献上の行列となって江戸へ向かう往復の通行があった。

往路は東海道を、復路は元文二年(一七三七)まで甲斐国谷村に茶壷を格納するため中山道を通っていたが、翌元文三年からは往復とも東海道を通った。しかし、茶が湿気を嫌うこともあって、七里の渡しを避けて近江の中山道から美濃路、今切《いまぎれ》の渡しを避けて本坂通りを通行した。茶壷の通行には、宿駅をはじめ沿道の村々にも厳しい取り決めが触れられ、行列を迎える準備に落ち度がないように指示された。行列の規模は年々増し、それに伴って武佐宿など沿道の宿では人馬負担も増していった。とりわけ、茶壷が休泊する場合には一層の注意が払われ、茶壷が神聖視された。そして、この通行と宿場でかち合った場合には、大名も茶壺に本陣を譲らなければならないほど行列の権威は高く、無礼があると容赦なく処罰された。この通行に宿場の人々は恐れ、「茶壺に追われて、ト・ピシャ（戸をピッシャン）」と歌いつがれるほどである。

元治元年（一八六四）は、四月に江戸を発った一行は、五月十一日水口《みなくち》立ち、草津御休みで大津泊りという行程で、翌日宇治着。新茶は五月二十六日宇治を発ち、草津で休憩、水口泊りで東海道を江戸へ向かった。茶壺を迎えるため、宿場では大きな負担が課せられた。人足や馬の準備、宿役人の出迎え、宿内の清掃などこと細かなことまで指示された。通行の茶壺は二六個。この茶壺は下へ降ろすことは許されず、「御茶壺台」というものを地下蔵に片付けておいて、通行に際して持ち出して茶壺を置くように達しがあった。献上の茶壺の担ぎ手も、一番から三番までが六人、四番から十三番が五人、十四番から二十四番が四人、二十五、二十六番が三人と、重要度によって異なっていた。武佐宿での宿割も一番から三番は本陣に入り、四番以下は平松屋清七、丹波屋長兵衛、枡屋義兵衛、松屋新助、目薬屋吉右衛門、播磨屋弥三郎、扇屋又左衛門となっている。

草津宿で問屋を営んでいた奥村家の記録に嘉永六年（一八五三）四月二十五日付の「御茶壺道中先規之例」があり、この御茶壺を迎え草津宿には、大きな負担が課せられたことが記されている。まず、農繁期で忙しいこの時期に、人足二九人、馬一三疋がかり出された。宿役人は宿境の黒門まで出迎え、人々は、宿内の掃除をし、砂川（草津川）かき上げ、夜は「あんどん」「高張提灯」をたて、朝の四ツ（午前一〇時）まで煙を出してはならず、葬送も固く禁止された。

迷惑なこの行列、享保八年（一七二三）には少し緩和されたが、相変わらず続けられた。

江戸時代の庶民は、非を非と言えず、息をひそめてその行列の通りすぎるのを待つより仕方なかったのである。

中山道をゆく姫君たち

中山道は、最初に触れたように姫君の輿入れに用いられた道筋でもあった。延宝七年（一六七九）、近衛《このえ》家の娘が五代将軍徳川綱吉に嫁いだ。同年十一月二十七日、武佐宿の本陣下川七左衛門家で昼食をとっている。このとき、代官多羅尾四郎左衛門は手代を遣わし、その準備にあたらせた。川守村庄屋伝兵衛もその一人として任にあたっている（川守共有文書『近江蒲生郡志』巻八）。

享保十六年（一七三一）、京都伏見家の比宮《なみのみや》と、九代将軍家重との縁組が整い、江戸へ向かう途中、草津宿の九蔵本陣で宿泊している。九蔵本陣では、宿泊のため同年三月二十二日から普請にかかり準備を整え、四月二十二日に京都を出立、大津での休憩を経て草津の宿泊となった。

寛延九年（一七四九）には、京都閑院宮家の五十宮《いそのみや》が十代将軍家治のもとへと嫁ぐ。草津宿では九蔵本陣で宿泊となった。この年、正月二十五日には本陣奉行堤平右衛門が草津宿へ入り、翌日から本陣が修復に取り掛かるため、御大名様の宿泊の申し付けがあっても断るようにと触れている。宝暦十二年（一七六二）八月、田鶴宮《たづのみや》が江戸へ下向するが、このときも同月二十六日武佐宿本陣下川家に宿泊している（『近江蒲生郡志』巻八）。

このほか、文化元年（一八〇四）京都有栖宮家楽宮《さざのみや》が十二代将軍家慶《いえよし》への輿入れのため、九月二日に草津宿で宿泊。また、天保二年（一八三一）には、有栖川宮の皇女登美宮《とみのみや》が水戸徳川家への輿入れに際し、三月二十日草津宿を出て鏡宿の林三郎兵衛本陣で休憩、その後武佐宿へ入り、本陣で宿泊している（鏡山村共有文書『近江蒲生郡志』巻八）。同じ天保二年（一八三一）八月二十五日、京都鷹司《たかつかさ》家より十三代家定の元へ嫁ぐ有宮《ありみや》は、関東下向のため同日草津に宿泊、二十六日に守山で小休、鏡宿でも休憩をとって武佐宿で泊っている（同前）。

嘉永二年（一八四九）九月十四日、京都一条家より十三代将軍家定の継室に入った寿明宮《すめのみや》が草津で泊った。彼女の下向に際して草津での準備を見ると、もともと九蔵本陣で宿泊の予定であったものが、急きょ七左衛門本陣に変更になっている。通行の一カ月前の八月二十四日、「御老女姉小路様、村瀬様以下十五人」が本陣に入った。その後、二十八日には道橋見分御普請役松山良之助、渡辺常之助ら四人が小休み。九月一日には同じく道橋見分大目付鈴木半右衛門ら八人のお休みがあり、馬一疋の支度が命じられている。さらに、翌二日、六日、十三日にも準備のための通行の休憩や宿泊があり、十四日に寿明宮の下向を迎える。

和宮の通行

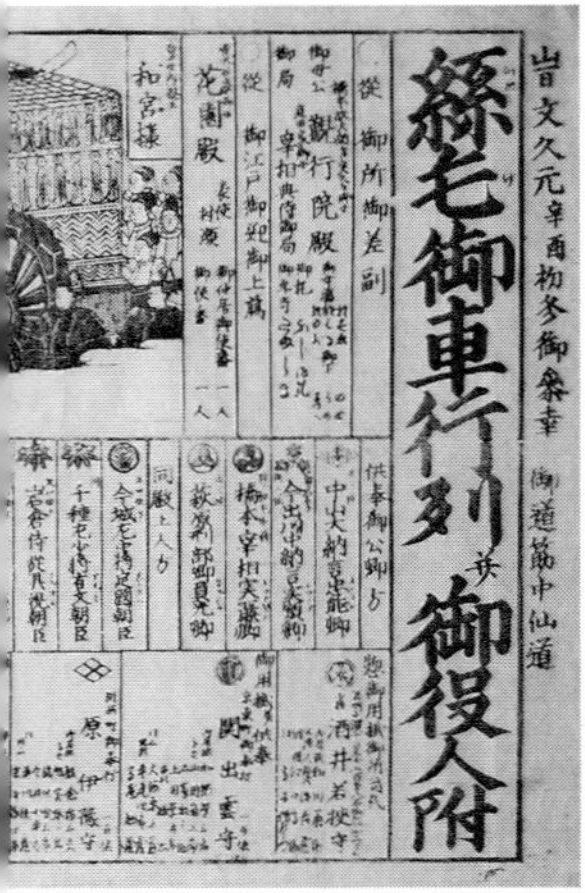

江戸時代の終わり、公武合体政策のもと、十四代将軍徳川家茂のもとへと嫁いだひとりの女性がいる。仁孝天皇の皇女で、孝明天皇の妹、和宮《かずのみや》である。

和宮が家茂のもとへ嫁ぐため、行列が京都を出発したのは文久元年（一八六一）のことである。一行が草津宿を通ったのは文久元年十月二十二日。田中七左衛門本陣で昼食をとっている。

和宮の通行に際しては、文久元年の正月以来、宿場へ次から次へと達書が下され、準備が進められた。中山道の各宿では、本陣や旅籠屋の普請が「姫普請」などといって、その大変なようすが今に語り継がれている。大湫《おおくて》宿（岐阜県瑞浪《みずなみ》市）では、もともと三、四〇軒の小宿であったが、和宮が通るということで、急きょ一五〇軒もの「にわか宿屋」が造られたといわれている。草津宿でも、休憩だけであったが、一年も前から予約が入り、通行の一〇カ月もまえの正月に準備がはじまった。正月十一日、御留守居役阿部伊賀守一行一四名が泊った。その後、二十四日から三月十日まで、「御奉行御大工頭領」の指揮により、準備の普請がおこなわれた。上段の間は御座所の修理とともに、襖の張り替え、

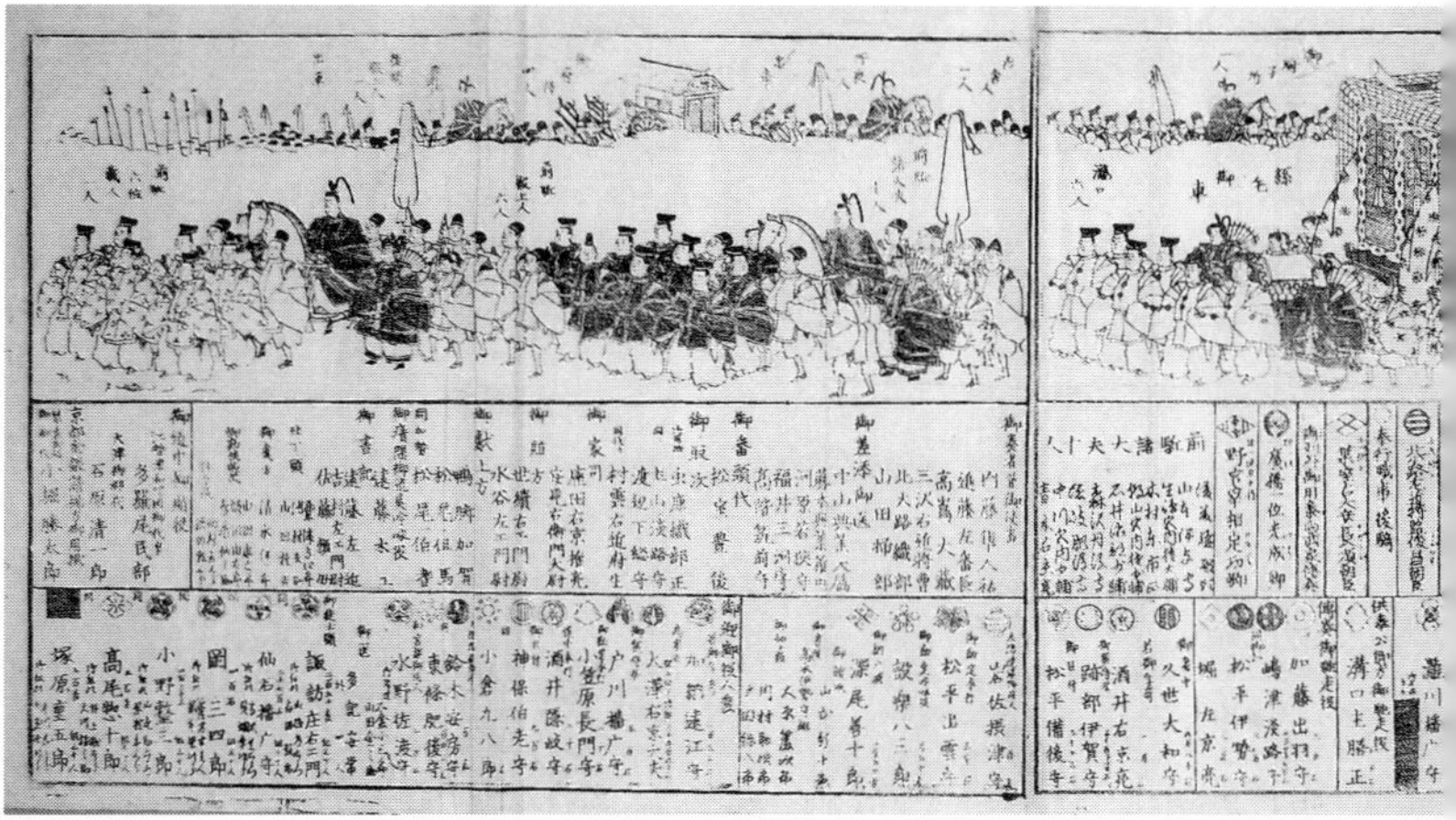

絲毛御車行列并役人附

建具などの取り替えをし、畳も万端整い、和宮が本陣で休憩する前に入れ替えるだけとなった。湯殿も修復された。

その後も、幕府の普請奉行や道橋見分の役人が次々と草津へ入り、通行の日が近づくにつれてお迎えの大奥や、お付の女中衆の休泊など慌しさを増した。

通行に際しては、心得方が示された。正月二十一日に西川敬蔵より東海道筋大江村（大津市）から笠川村（栗東市）までの道造りについての達しがあった。幅九尺（二・七メートル）、高さ一尺（約三〇センチメートル）の置き土をして道の整備にあたるようにとの指示である。また十月十一日には、伊藤官右衛門より草津宿京側入口より笠川村までの間、街道筋の取り繕いとともに、腰板への落書きなどがないよう十分留意することが申し渡されている。ほかにもこと細かな注意がなされた。たとえば、並木の手入

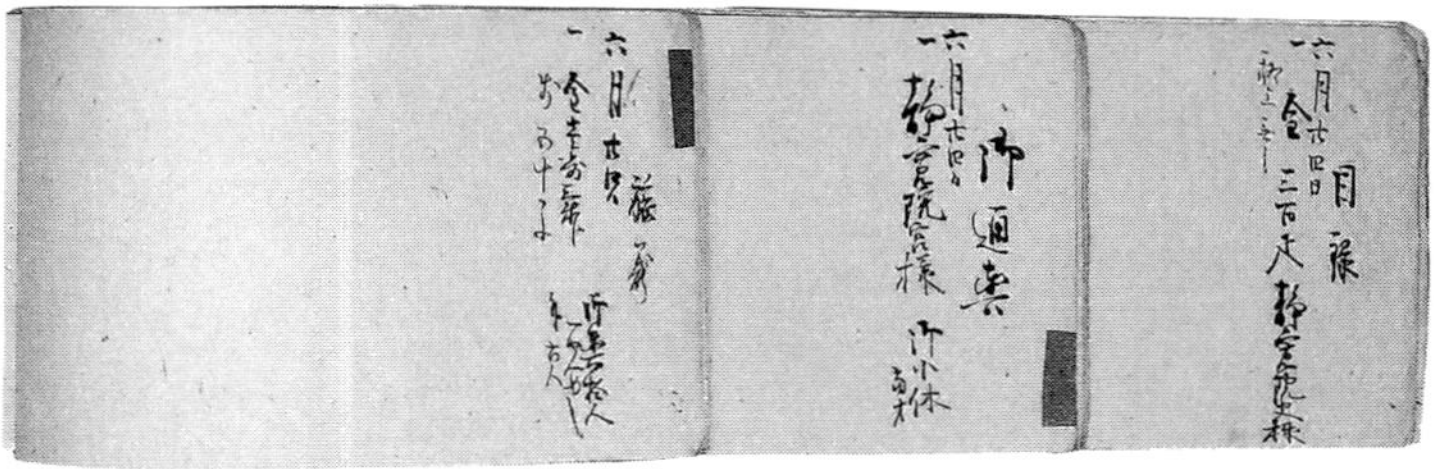

草津宿本陣大福帳最後の記載　静寛院宮（草津宿本陣蔵）

れであるが、街道筋の並木は通行の際に日笠に差し障りがないようにすることや、通行当日には関係者以外人払いすることなどである。とりわけ、人足方の扱いについて、供揃えは十分に行列の意味をわきまえた者であるが、人足については金目当てであることから、随分苦労があったようである。人足の数は、前々日、前日、当日、翌日の四日間で約一万四〇〇〇人を数えた。人足小屋四〇〇〇坪、十月二十二日は今の暦で十一月の末にあたるため、四坪に一カ所焚き火が準備された。馬の水飼桶は一〇疋に一つで、約二〇〇個、飯米は一人七合五尺で一二〇石。行列の休憩中に待機するための敷き莚は一人に一枚の割で一万六〇〇〇枚が準備されたという。

さて、このとき盛大なセレモニーであった「和宮降嫁」であったが、元号が改まり明治になった七年（一八七四）六月、彼女は再び京都を発ち、江戸から名をかえた東京へと向かった。そして、同月二十四日、彼女の乗った御輿は草津宿田中七左衛門本陣で小休する。このとき、田中七左衛門の「大福帳」に記された名は「静寛院宮《せいかんいんのみや》」。和宮の出家後の名前であった。一行は御輿の担ぎ手一〇人を含めて一六人といった小人数で、本陣に下された金子は三〇〇疋であった。文久の輿入れの大行列と比べれば余りにも寂しい行列であった。

将軍上洛と明治天皇の東幸

文久元年（一八六一）、和宮の輿入れの行列から二年。文久三年三月、第十四代将軍家茂の上洛の行列が草津を通っていった。家茂は九蔵本陣で休憩、そのほか柏屋、藤屋、大黒屋などの脇本陣をはじめ、大方の草津宿旅籠屋がその用に供された。将軍の通行は三代家光のとき以来、久しく途絶えていたため、宿場での準備は寛永の将軍上洛（一六三四）の古記を探すことから始まった。しかし、草津宿では享和の洪水（一八〇二）で記録類は喪失しており苦心した。とりわけ水の準備については、事前に取り調べがおこなわれ、宿内四カ所の候補のうちから、御膳水を八百屋吉兵衛からとることになった。井戸の屋形や柱は取り替える必要はないが、屋根は取り繕い、釣瓶・棹縄《さおなわ》の新調、十日前には井戸浚《ざら》えをし、二日前に締め切りにして準備をすることなどが申し渡された。

江戸の時代が終わり、元号も明治に改まった。明治元年七月には江戸が東京と名を変え、世情に新たな息吹が寄せてきた。九月二十日、京都にいた天皇が江戸へ向かった。翌日、一行は月輪《つきのわ》（大津市）で休憩をとり、草津宿へと入った。七左衛門本陣で昼食をとり、その日は石部泊りであった。当日の行列は、主従、軍務をあわせて三五六四人、人足二六九八人を数える大行列であった。

草津宿では、田中七左衛門本陣が行在所《あんざいしょ》、田中九蔵本陣が内侍所《ないしどころ》にあてられた。岩倉左兵衛が脇本陣であった柏屋重右衛門を御旅館として割りあてられた。鳳輦《ほうれん》置き場は勢田屋次郎八屋敷の東方空地、使用される御膳水は丸屋沖右衛門。御下乗所、御下馬所は行在所より一町ほど離れた、北は一町目坂口新屋南方、南は三町目大黒屋弥七前に置かれた。駅逓《えきてい》役所は、江戸時代の問屋場に置かれ、貫目《かんめ》改所《あらためしょ》は宿内から矢倉姥《うば》が餅《もち》屋に移された。行在所の建て札は、長さ四尺五寸、幅一尺五寸。札を建てる柱が四寸角で長さ二間半。柱を建てる矢来は玉垣わらび縄で結び付け、芝を植え付ける。下馬下乗札は、四寸角の建札台を深さ三尺分埋め込み、所定の場所に建てる。これも芝を張り、竹を二つ割りにして玉垣、わらび縄に結ぶ、など指示された。

おかげまいりとええじゃないか

東海道は伊勢参詣の道筋でもあった。草津宿の東海道と中山道の分岐に建つ追分道標には「左　中仙道みのぢ」「右　東海道いせみち」と刻まれているように、西の旅人は伊勢への道筋として東海道を通っていった。

伊勢参詣は、江戸時代に伊勢の御師《おんし》という人々によって各地で伊勢講が組織され、伊勢へ旅に出かけが、その伊勢への旅で、六〇年に一度の周期で狂騒的に訪れたブームがある。

おかげでさ　するりとさ　抜けたとさ

これは、道中唄で六〇年に一度訪れる伊勢参宮のブームを唄ったものである。おかげまいりとは、領主や主人の許しを得ない抜けまいりに端を発したもので、短期間に大勢が伊勢へと参詣する現象で、各地の老若男女が、旅支度もせずに着のみ着のままで大挙して旅立ち、街道筋の宿場や村々では、それらの人々に対して金米を施行して手助けした。

江戸時代に起こったおかげまいりの群参は、慶安三年（一六五〇）、宝永二年（一七〇五）、明和八年（一七七一）、および文政十三年（一八三〇）が知られている。

慶安三年のおかげまいりは、江戸の商人たちにはじまり、白衣装の旅人たちは伊勢へと向かった。このとき、箱根の関所を通った人々は一日二五〇〇人にものぼっている（『寛明日記』）。また、宝永二年には、本居宣長の『玉勝間』に四月九日からの五日間に三六二万人が伊勢へと向かったと記されている。

明和八年の群参について、石部宿の「宿帳」（湖南市石部宿歴史民俗資料館蔵）には、四月八日からおかげまいりの一行が通りはじめ、まず丹波田辺（京都府舞鶴市）の者、そして和泉（大阪府）、山城（京都府）、摂津（大阪府・兵庫県）、若狭（福井県）、さらに近江の人々がおびただしい数で通っていったと記されている。これ以外に記載がないので、詳しくはわからないが、恐らく記録にとどめるくらいのことであるので、相当な数の人々が伊勢へと向かっていったと思われる。

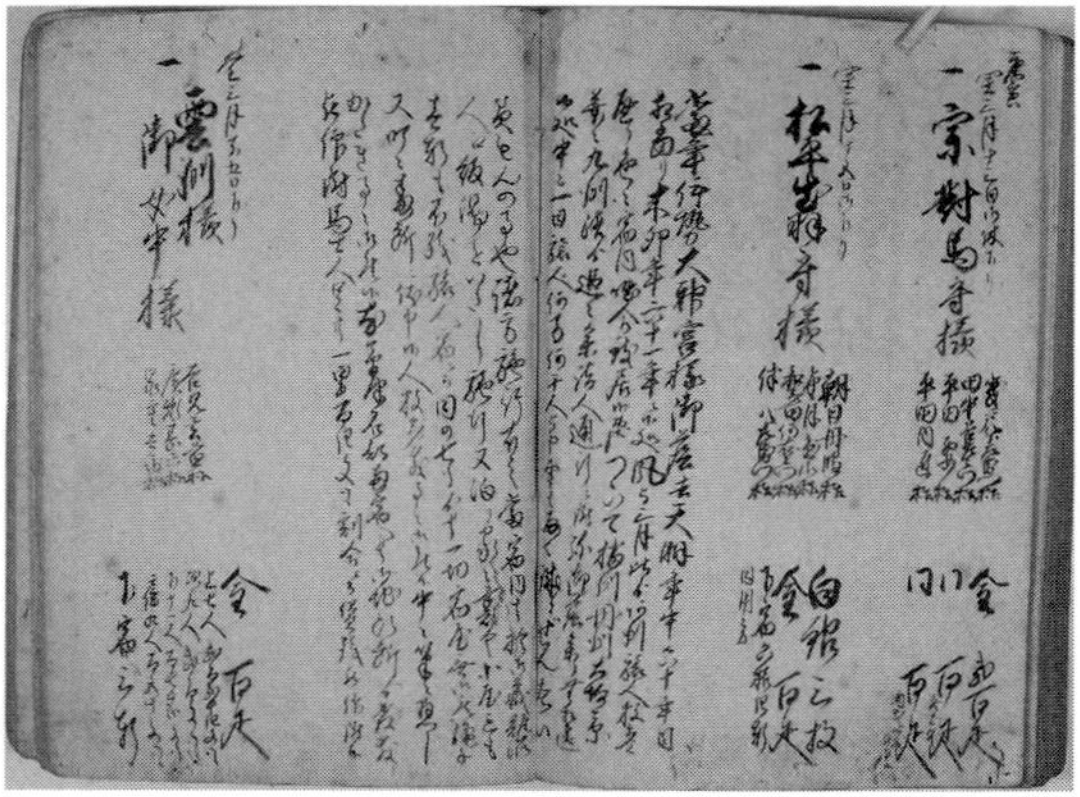

石部宿本陣宿帳　おかげまいり記載部分
（湖南市石部宿歴史民俗資料館蔵）

つぎの文政十三年のおかげまいりについても「宿帳」に記録がある。

文政十三年のおかげまいりは、それまで幾度かのおかげまいりに増して、人々の熱狂が頂点に達したものであった。阿波（徳島県）の寺子屋の子供たちの抜け参りに端を発し、西国を中心に一気に広がっていった。『御蔭参宮文政神異記』によると、三月晦日から閏三月二十九日までに二二八万一二〇〇人、四月朔日から晦日までに一四四万四〇〇〇人、五月晦日から二十九日に三四万二四〇〇人、そして六月朔日から二十日までに二二万二八〇〇人が伊勢へ詣でたことがうかがえる。このときのおかげまいりは、それまでとは異なり、派手な装束に身を包んで伊勢音頭を唄いながらの道中だった。歌川（安藤）広重の描く浮世絵「東海道五十三次　石部」（有田屋版）にも、おかげまいりのときの風景ではないが、石部宿と草津宿の間にある立場《たてば》・目川《めがわ》田楽を売る茶店とその前を踊りながら行く伊勢参りの一行が描かれている。

さて石部宿では、文政十三年（一八三〇）、二〇人から三〇人ほどの一行が、杓一本と茣蓙《ござ》一枚を持っ

歌川広重画「東海道五十三次　石部」 目川田楽茶屋前の風景

てつぎつぎと通っていった。『伊勢御蔭参実録鏡』には、あちこちの小道に至るまで、人々が「雲霞《うんか》のごとく、蜘蛛の子を散せしごとく、きやり歌を歌うやら、流行歌を歌うやら、抜け参り親はやしを致すやら、えいやえいやのかけ声」を賑やかに唱えながら、あたり一面が人の山であったと記す。三月になると、石部宿にも阿波からのおかげまいりの一行の姿が目立つようになり、その後は播磨(兵庫県)、丹波(京都府・兵庫県)、大坂、京都や九州からの参詣者が通っていった。石部宿では、いよいよおかげまいりがはじまったと噂をする間もなく、一日何千、何万の旅人がやってきたのである。石部宿でも、彼らに飯や湯の施行《せぎょう》をはじめた。夕刻には旅籠屋はもちろん、商家や一般の民家も一軒残らず施行宿となって、それでも収容できないので、縄手や町々の番所で寝泊りする者もいたと、石部宿の「宿帳」は記している。また、京都二条城在番を勤めた渡部与右衛門は、彼の手紙に、道中の混雑ぶりは江戸の浅草市《いち》ほどの人出で、大きな旅籠屋では二〇〇人から三〇〇人もの旅人を泊めており、宿泊客は、布団も枕も借りず、腕枕で休む光景も見られたと記している。

このときの通行者数を隣の水口町奉行所が調べたところ、通行者は一日二万人程度であったとし、一説によると畿内の人々は、伊勢へ近いこともあって、八割近くの人々がおかげまいりに加わったとされている。

一方では、このおかげまいりの群参に乗じて、石部宿では宿泊料などの高値を抑制することや、幼年の者ばかりの旅には手助けする旨が触れられた。また、往来する多くの旅人のなかには、病気になるものもいて、たとえばおかげまいりの途中に播磨国の百姓が病気で倒れたことなども記録に残されている（「膳所藩記録」）。

江戸の時代が終わり、明治になって二十三年。この年もおかげまいりの年であった。江戸時代ほどの規模ではなかったが、多くの人々が伊勢へと向かったのである。しかし、江戸時代のように施行を求めて旅に出たとしても、「せち辛い世の中に、さうはまいらず」と「東京朝日新聞」の記事に報じられているように、沿道の人々の施行を受けて伊勢まで辿りつくことは並大抵ではなかった。この明治二十三年のおかげまいりを最後に、このあとは鉄道での伊勢参宮へと変わっていく。明治二十二年に開業した関西鉄道（現草津線）は、草津で東海道線と分かれ、伊勢へ向かう鉄道ルートとして利用されたが、江戸時代の街道交通のように、近江の東海道の宿場で休泊することもなく、伊勢へ参詣できるようになったのである。

おかげまいりとともに、幕末にはええじゃないかのお札も各地で降った。

慶応三年（一八六七）の秋、江戸から西の地域では「ええじゃないか」の囃子《はやし》にあわせた熱狂的な踊りが流行した。「ええじゃないか」は世直しを熱望する大衆運動の様相を呈し、伊勢神宮をはじめ諸国の神々の御札降りなどを契機として、世直しを神意と受けとめ、伊勢への道筋であった東海道の宿場町などにみられた。

近江では、草津宿で、渋川へ春日神社の御札が、山源の家には天照大神の御札が慶応三年十月二十九日から降りはじめたという（「よろつにわかにみる日記」『草津市史』所収史料）。また、石部宿でも十月二十九日になって御札降りがみられた。同日の朝、平松屋に御札降りがあったと記録に見えるが、これは伝聞によるもので、実際は十一月十九日のことであった。この日の卯の刻（午前六時ごろ）、石部宿谷町の福島仲次家へ天照大神の御札が降ったことが「降神諸事控」という資料に記されている。降下のあった福島家では、十九日から二十一日までの三日間、神祭りをおこない、訪れた人々に酒飯を振るまい、その入用は酒一石、米一俵、雑用一五両に達したという。降札を聞いた近隣の家々からは、酒や餅など多くのお供え物が届けられ、神祭りが終わると、餅の鏡開きがあって宿内の谷町、仲町、出水町、大亀町の各戸へと配られた。

そして、伊勢大神宮の「御天降」は吉例であるということで、福島家に御札が降ったという噂を聞いた人々は「ええじゃないか」の乱舞となって、福島家へと踊りこんでいった。これらは人々の時代の変革に対する思いを、伊勢神宮という神への期待に置き換えたものだったのであろう。

近江の宿場で泊った人々

草津宿本陣の休泊記録を見ると、さまざまな人たちの休泊の記述が見える。幕府の役人や、二条御番、大坂御番、駿府御番をはじめ、勅使や伝奏、公家などである。ほかにも、御茶壷、八朔《はっさく》馬や諸侯やその家臣たちが草津宿の本陣で一夜を過ごした。なかには大名の遺骸が泊ったりした。弘化三年(一八四六)六月二十四日、紀州藩第十一代斎順《なりゆき》の尊骸が本陣で泊っている。彼は、弘化三年閏五月八日江戸で亡くなったが、六月四日に前宿愛知川を発ち草津へ着いた。当初は大津泊りであったが、途中日野川が大水で手間取り、俄かに草津泊りに変更となった。お供の渡辺主水《もんど》が遺骸ともに本陣に入った。祝儀として金二〇〇疋が下され、旅籠料は上三二文、下一六二文で三〇人の一行である。紀州侯の参勤にあたっては、幕府から上使として老中が遣わされるのが常であったが、この年も御上使伊東修理《しゅり》大夫が遣わされた。遺骸が草津宿へ入る前日に草津九蔵本陣で休憩をしている。すでに紀州侯は亡くなっているが、国許にご隠居一位様がいるので悔やみのため、紀州へ赴いた。帰路、伊東修理は七左衛門本陣で休憩。これは上りに九蔵本陣で休憩したが、勢田川渡船場で不調法があったため、帰路の休憩先がかわったのである。

このほか、寺社の通行もみられる。高野山の子院、京都の智積院《ちしゃく》、泉涌寺《せんにゅうじ》、百万遍知恩寺や妙心寺などである。また、品川の東海寺や秋葉《あきは》神社、金毘羅宮などもみえる。

とりわけ休泊の記録で、しばしば登場するのが秋葉山御撫物《おなでもの》。秋葉山は遠江、天竜川の上流に位置する秋葉神社のことで、祭神は火之迦具土大神《ひのかぐつちのおおかみ》で、火の神として崇められていた。撫物とは、身を撫でて穢れや災いを写し負わせる人形や小袖をいう。秋葉山は正一位であったことから撫物が本陣で休泊、全国を巡り津々浦々から厚い信仰を集めていた。

また、このほか毎年の大福帳到来の冒頭にみえる商家の三井、神道の一派である白川参宮衆などの休泊もあった。

急がば回れ～矢橋の渡し

望湖堂―これは中山道摺針峠《すりはり》にある茶屋に付けられた名前である。中山道を木曽、美濃と山道を歩いてきた旅人が、摺針峠を越えて初めて琵琶湖を望むことからついた名前といわれている。江戸時代に出版された『木曽路名所図会』には、「磨針嶺（摺針峠）」の解説として

此嶺の茶店より見下せば、眼下に磯崎・筑摩祠・朝妻里・長浜、はるかに向を見れば竹生島・

澳島・多景島、北には小谷・志津嶽鮮に遮りて、湖水洋々たる中にゆきかふ船見えて、風色も美観なり。茶店には望湖堂と書したる草盧の筆、江東壮観とある白芝の毫、琉球人の筆等ありとみえる。また、江戸時代の道中記類の中扉には、例えば『木曽路懐宝図鑑』では諏訪湖眺望、『東海・木曽両道懐宝図鑑』では琵琶湖眺望など、湖の俯瞰を取り上げている。琵琶湖は、その眺望の美しさと、東路からの旅人は琵琶湖を望むことで、まもなく京の地へ辿りつく安堵を実感したのであろう。

琵琶湖は、古く淡海《あわうみ（おうみ）》や鳰《にお》の海などと呼ばれていたが、江戸時代の旅人たちはどのように琵琶湖を見たのであろうか。当時の紀行文や道中記に記された琵琶湖について、いくつかとりあげてみよう。

元禄三年（一六九〇）に渡来したドイツの博物学者ケンペルは、翌元禄四年に長崎から江戸へ向かった『江戸参府旅行日記』のなかで、

町は淡水湖の岸辺にあり、固有の名がなく、ただ「大津の湖」と呼ばれている。この湖水は地震で土地が陥没し水が溜まってできたといわれ、また富士山はそれと同時に高くなったともいう。この湖はそんなに広くはないが、長さは北方へ四〇ないし五〇里に及び、加賀国に達し、加賀から京に届けられる荷物はここまで舟で運ばれる。湖には魚が大へん多く、おいしいマスやコイやフナや、その他いろいろな魚がとれる。ノガモは群をなして雲がかかっているように

湖面を泳ぎ回っていた。

と記す。

また、儒学者の貝原益軒は、『諸州めぐり』において、琵琶湖を「凡淡海の湖は、瀬田より貝津まで南北廿里、東西の広さ九里あり。今津と佐和山の間、東西広最も広し、湖の北の浜は、西は貝津、中は大浦、東は塩津也。此三所皆湖辺に民家あるところにて、北の山を隔てて越前に隣れり。この湖の形はよく琵琶に似たり」と記している。このように、街道を行き交う旅人は、その紀行文のなかでしばしば「琵琶湖」を取り上げている。

武士のやはせの舟ははやくとも、急がば廻れ瀬田の長橋

これは俚諺《りげん》「急がば廻れ」の語源になった歌である。この歌は、室町時代の『雲玉《うんぎょく》和歌集』には、平安時代後期の歌人源俊頼が詠んだとされ、のちの江戸時代の咄本『醒睡笑《せいすいしょう》』では室町時代の連歌師宗長《そうちょう》の歌として紹介されている。これは、琵琶湖の南湖をわたる草津と大津間を渡る「矢橋《やばせ》の渡し」より、たとえ遠回りであっても瀬田唐橋を行くほうが早いということで、自ら手堅く着実である方法を選ぶことを戒めたものである。しかし、この俚諺にある「矢橋の渡し」も、江戸時代になると旅人には重宝がられ、頻繁に利用されていた。六〇年に一度訪れるおかげまいりでは、多

くの旅人が矢橋の渡しを利用し、矢橋の舟だけでは足りず、近隣の湊からの寄舟が要請されたという。また、矢橋の対岸が大津松本であったにもかかわらず、粟津《あわづ》へ着岸して舟の回転をはやくしたことも記録にみえている。江戸時代の主要街道であった東海道の道筋として位置づけられ、この矢橋は、草津市域では山田や志那とともに古くから琵琶湖の要津《ようしん》として機能していた。古くは『万葉集』にも

歌川広重画「諸国八景尽・近江八景」

淡海のや　矢橋の小竹を矢着かずて　まことありえめや
恋しきものを

と詠まれている。山田や志那は対岸が坂本であったが、ここ矢橋は大津とのかかわりが深く、江戸時代には東海道草津―大津間のバイパスとして利用され、宿駅制度においても、宿場間の人馬継立《つぎたて》が草津宿から東海道を瀬田橋回りで行く大津宿までの賃銭と、東海道から分かれ矢橋湊までの賃銭が定められていた。

慶長五年（一六〇〇）には、徳川家康が芦浦観音寺朝賢《ちょうけん》に対

して琵琶湖浦々の船を矢橋に召集させ、対岸の大津石場に渡った記録が『芦浦観音寺文書』にある。その後も、慶長十六年（一六一一）の大坂冬の陣に際し家康・秀忠が往復とも矢橋―大津間の渡船を利用、元和元年（一六一五）の大坂夏の陣でも利用されている。延宝九年（一六八一）には、丸子船三七艘、ひらた船五艘があった。

矢橋―大津間の船賃は、元和二年に舟賃六文、乗掛下一二文、本荷物一八文であった。この舟賃は、草津―矢橋間の駄賃より安かったため、宝永四年（一七〇七）に、草津―矢橋間と同額にするように願い、これが認められて舟賃一〇文、乗掛下一九文、本荷物二九文になった。

矢橋の船持ちや船頭は、田畑にかかる年貢が免除されていたが、その代わりに膳所藩から運上銭一五〇貫文が徴収されていた。さらに元禄三年（一六九〇）からは幕府からも運上銭が徴収された。

東海道矢倉に建つ道標（草津市）

享保十五年（一七三〇）「諸用留書帳」では、公用の往来に用いられていたことが記され、禁裏《きんり》様御代参、御上使様御通行、二条・大坂御番衆様の渡船のほか、幕府諸役人の往来や蔵米輸送、膳所藩の蔵米・公用荷物の輸送をおこなっていた。さらに、他浦からの入船に荷物を積ませないという特権を有し、諸役も免除されていた。船株の所有者たちは船仲間を結成し、船仲間を結成し、船会所も設けられていた。また江戸時代には、琵琶湖の風光明媚な名勝を近江八景のひとつ「矢橋の帰帆《きはん》」として数えられ、白帆を立てて琵琶湖に浮かぶ帰帆の風景が浮世絵などにも紹介されている。

四　東海道の宿場町

鈴鹿峠西麓の宿場・土山宿［甲賀市］

東海道の近江と伊勢を境する峠、東海道の東の難所である箱根峠に対する西の難所とされた鈴鹿峠を越え、坂を下ると土山宿。古くは、この東海道の道筋は西の谷を抜ける倉歴越《くらふごえ》を越えていたが、仁和二年（八八六）に阿須波道《あすはみち》、今いう鈴鹿峠越が開かれた。土山の名の初見は『如法寺殿紀行』のなかに嘉元四年（一三〇六）「つち山」を通過したとあり、今堀日吉神社文書のなかにも、年代は不詳ながら保内《ほない》商人が「土山馬方」へ馬の手配を要請したことがみえている。その後も、伊勢大路と称された鈴鹿越の道筋を通り伊勢へ参宮する『室町殿伊勢参宮記』や『宗長日記』など公家や僧侶の日記のなかに土山の名がしばしば登場する。永享十二年（一四四〇）に、もと一村であったものが南北土山に分かれ、のちの土山宿はこの二カ村で構成される。

天正十九年（一五九一）四月には、徳川家康知行目録写によって南・北土山が家康の在京賄料《まかないりょう》として宛てがわれ、そのもとで伝馬《てんま》を定め置いたことが確認されている。また、文禄四年（一五九五）五月九日には、伊奈忠次・大久保長安・彦坂元正の連署で、当地の代官美濃部氏に対し、土山郷の伝馬飼料として屋敷地年貢高のうち三〇石を免除する旨を達した。

そして、慶長六年（一六〇一）徳川家康は土山に伝馬定書《さだめがき》を下して、三六疋の人馬常置を命じ、宿場としての成立をみる。その後、寛永十二年（一六三五）には常置人馬は一〇〇人・一〇〇疋に増え、天保十四年（一八四三）には五人・五疋が囲《かこい》人馬、二五人・一五疋が臨時御用囲として確保されていた。

東海道の鈴鹿峠を下り、田村川橋を渡ると宿に入る。宿場は東から順に、生野町、一里山町、中《なか》垣外《がいと》町、稲荷町、中町、吉川町、大門町、愛宕《あたご》町、辻町、滝町と続き、一里山町には一里塚が築かれていた。中町、吉川町が宿の中心部で、本陣、脇本陣をはじめ、問屋場が設けられていた。

宿の東西を限るのは、野洲《やす》川の支流である田村川と松尾川。東を限る田村川には板橋が架けられていたが、長さ二二間三尺、幅二軒一尺五寸。古くは土橋であった。しかし洪水によって流失したため、安永四年（一七七五）に板橋に架け替えられた。その後は、橋番所を設け一人、荷物一駄、いずれも橋銭三文を徴収していた。一方、川中までが宿場であった西の松尾川は十月一日から二月晦日までは土橋を架け、それ以外は徒歩越であった。この土橋の橋掛役としては、岩室《いわむろ》、頓宮《とんぐう》、野上野《のがみの》、青土《おおづち》の橋郷四カ村があたり、歩行越役は野上野、松尾野、前野の川越役三カ村が出役していた。川越賃は水かさによっ

葛飾北斎画「東海道五十三次・土山」

土山宿のまちなみ

て異なり、膝六文、股一二文、腰二四文、脇下四八文、脇六〇文と定められていた。

天保十四年（一八四三）の『東海道宿村大概帳』では、まちなみは東西二二町五五間、家数三五一戸、人数は一五〇五人で、本陣二軒、旅籠屋《はたご》四四軒があった。人馬継立《つぎたて》を掌《つかさど》る問屋場は中町に、高札場は田村橋西詰と吉川橋東側に設けられた。

本陣は、中町と吉川町に一軒ずつあり、そのうち中町の土山本陣は、在地土豪土山氏の後裔にあたり、寛永十一年（一六三四）将軍家光の上洛に際して本陣職を命じられたといわれている。土山本陣は当宿において肥後熊本藩（熊本県）の細川氏に仕えるという立場にあり、細川家より苗字帯刀を許され、家紋の使用も認められていた。また、年々同家からの補助もあったと伝えられ、同本陣に残る宿帳には細川氏の休泊に関する記載が多く残されている。一方の吉川町にあったのが大黒屋本陣で、初期から本陣を勤めたのではなく、江戸時代中ごろから本陣職に着き、幕末に至った。宿場の人馬継立を掌る問屋場は、中町に一カ所あった。宿役人は問屋二人、年寄四人、帳付《ちょうつけ》三人、人馬取扱六人、御書飛脚六人、人足方勘定立会四人で、普段は問屋場へ問屋一人、年寄一人、帳付一人、人馬取扱一人、御書飛脚一人が交替で詰めており、重要な通行に際しては、宿役人全てが問屋場に出て差配をおこなった。宿が継ぎ立てる荷物の人馬賃銭は表3のとおりであった。

宿の人馬継立を補完した助郷《すけごう》は、元禄六年（一六九三）ごろには確立していたと思われるが、享保十年（一七二五）には助郷高一万八二一六石、甲賀《こうか》郡と蒲生《がもう》郡の三七カ村が負担していた。

表3　土山宿の人馬賃銭　天明3年（1783）

	坂下～土山	土山～水口
荷物一駄	225文	127文
乗掛荷人共	225文	127文
軽尻馬一疋	146文	81文
人足一人	111文	61文

また、宿場の東方にあった一〇軒余りの家では「お六櫛《ろくぐし》」を売って生業としていた。このお六櫛は、中山道の藪原《やぶはら》宿（長野県木祖村）あたりの名物として浮世絵などにも取り上げられており、信濃の旅人が伊勢参宮を終えて上京する途中で病を患い、その看病にあたったこの地の人に櫛づくりの技術を伝授したことに始まるとされている。信濃で、その櫛をつくった「おろく」なる女性にちなんで「お六櫛」の名がつけられ、土山宿を通る旅人に、手軽でかさばらない土産として重宝がられ、買い求められていた。

現在の土山宿は、土山本陣が残り、近江の東海道のなかでも比較的まちなみをよく残している。街道筋には宿場当時の屋号を刻んだ石柱が建てられたり、説明板が建てられたりしている。宿場の問屋場であったところには、東海道伝馬館が設けられ地域の人々の手によって運営されている。また、土山のまちなみを愛する会による宿場ガイドなどの取り組みや、東海道シンポジウム第一回開催地であることから、ＮＰＯ法人東海道ネットワークの会を立ち上げ、幅広い活動を展開している。

紡錘状のまちなみ・水口宿［甲賀市］

土山宿から二里半七丁（約一一キロメートル）で水口宿《みなくち》。天正十三年（一五八五）に水口岡山城の城下として町が開かれ、慶長六年（一六〇一）の徳川家康の東海道整備によって宿場が設けられた。寛永十一年（一六三四）には将軍家光の上洛に際し宿泊所としての水口城が築かれ、天和二年（一六八二）に水口藩が成立、その後は宿場と城下を兼ねた町として発展をしてきた。

これより前、嘉元四年（一三〇六）ごろの『如法寺殿紀行』に「みなくち」の名がみえ、また応永十年（一四〇三）十月、室町将軍足利義満が伊勢への参詣の途中、水口を通っていることが確認できる。同二十一年十二月には将軍足利義持も参宮の途中、水口で宿泊し、「月影も　こほれる水のみなくちに　同じ宿かる　夜半のさむけさ」と詠んでいる（『室町殿伊勢参宮記』）。この後も永享五年（一四三三）三月には、将軍足利義教《よしのり》も当地で宿泊しており、すでに室町時代には宿駅としての性格を有していたと考えられる。

　その水口が宿として成立するのは徳川家康が、伝馬制を布いた慶長六年（一六〇一）のことである。内容はすでに紹介したように、伝馬三六疋の常置を命じ、その人馬をもって上りは石部、下りは土山までの継ぎ立てを定めたものである。そして、三六疋の常置人馬を置く代わりに一疋につき六〇坪、あわせて二一六〇坪の居屋敷の地子《じし》免除を認めた。

水口宿のまちなみ

　常置された伝馬は、慶長六年の宿駅設置当初、作坂《つくりざか》町と旅籠町で負担していた。その後寛永年間（一六二四～四四）になって天王町、河内町、北町が伝馬を負担することになり、慶長六年当初の二町を東伝馬、寛永年間に追加された三町を西伝馬と呼んだ。

　寛永十年（一六三三）以降は、宿場に伝馬人足、継飛脚御用として二三石三斗が下されることとなり、当初三六疋であった伝馬役が寛永十二年に一〇〇人・一〇〇疋へと増やされた。しかし、実態としては一〇〇人・一〇〇疋の常置は困難であり、水口宿の場合は「西ニ四拾五疋、東ニ三拾六疋　合八拾壱疋」という状況であった。これは、慶長以来の東伝馬の三六疋に、西伝馬四五疋を追加したに過ぎない。このように、実際には一〇〇人・一〇〇疋の常置がおこなわれていなかったことも珍しいことではない。その後も、寛永十三年（一六三六）には七六疋、同十五年には六三疋と常置人馬は次第に減り、寛永末年に至っては三二疋にまで激減し、慶長当初の三六疋を割り込む状況となっていた。こうした状況から、幕府は宿場に拝借米を貸し付けるなどして伝馬制の維持に努めようとした。各宿場では、拝借米を周辺の村々に貸し付けるなどし、その利足で宿駅の運営をおこなっていた。

葛飾北斎画「東海道五十三次・水口」

宿場の形態は三筋の紡錘《ぼうすい》状の道筋から形成されている。これは天正十三年（一八五八）に豊臣秀吉が家臣の中村一氏《かずうじ》に命じて大岡山に水口岡山城を築かせ、その城下を造ったときに形づくられたと考えられている。江戸口には枡型《ますがた》土居と木戸が設けられ、旅籠屋町付近で三筋に分かれて紡錘状に延び、京口にあたる石橋付近でふたたび一本の道筋になった。その三筋のうち、中央を抜けるのが東海道で、南北の道筋は南筋、北筋と呼ばれた。街道筋は江戸口から京口まで宿場設置当初から家並みが建ち並んでいた。

宿場は水口美濃部《みのべ》村に属し、宿内に三十余町があった。延宝七年（一六七九）に二七町、家数が七一八軒。天保十四年（一八四三）の『東海道宿村大概帳』では家数六九二軒、人口二六九二人、作

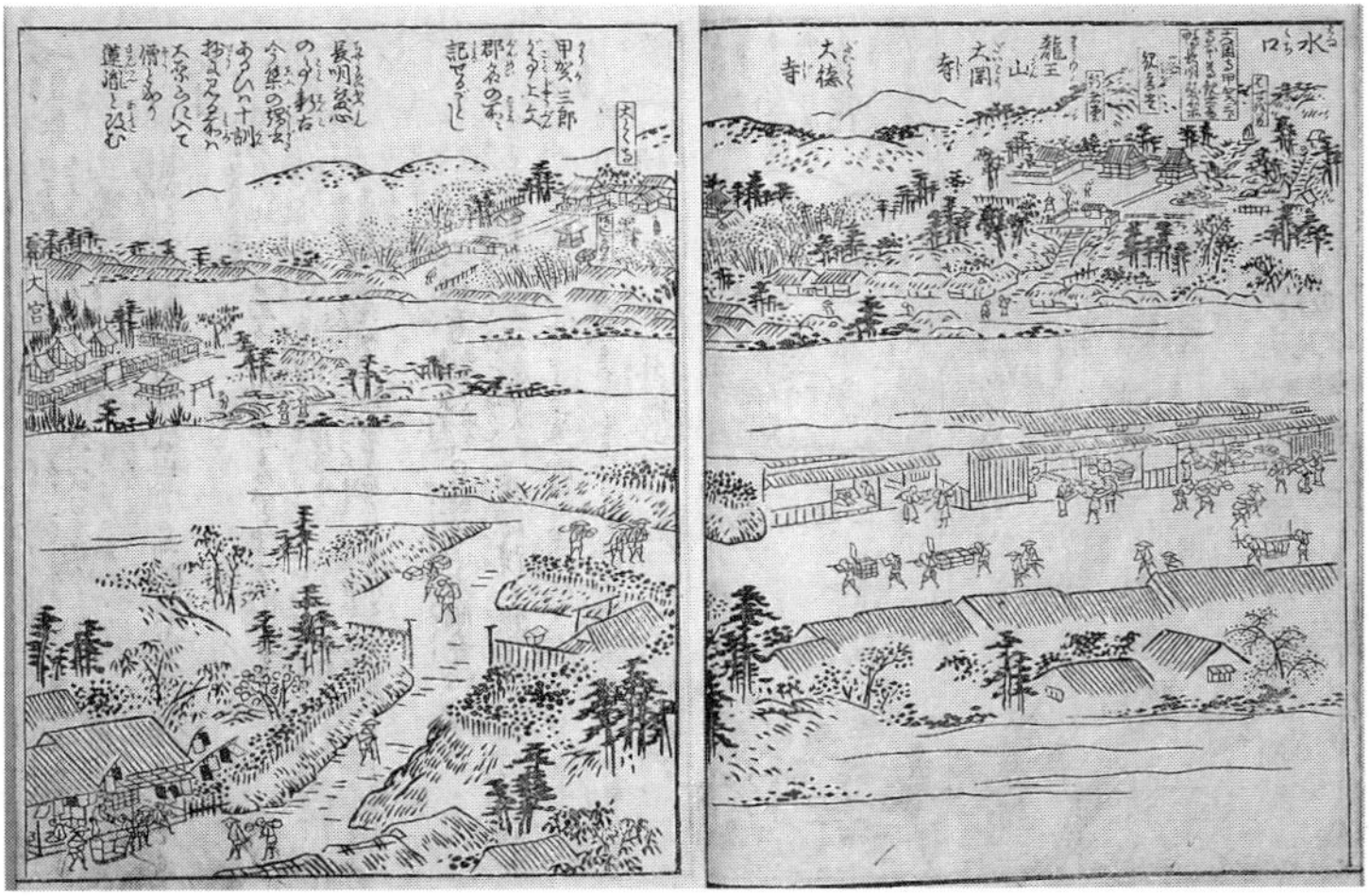

「伊勢参宮名所図会」水口宿

坂町に本陣一軒、脇本陣一軒があり、旅籠屋は四一軒を数えた。幕末の文久二年（一八六二）には、家数七四六軒を数え、その内訳は本陣一、脇本陣一、人足部屋三、馬士四、旅籠四六軒、商家二五一、職人四一、百姓二三七、長屋八、土蔵物入九、曳山蔵一八、明地八〇、明家三三、その他一四となっている。

寛永年間（一六二四～四四）には西伝馬の儀《ぎ》峨《か》彦之丞、堤文左衛門、東伝馬の鵜飼《うかい》伝左衛門の三軒が本陣を勤め、いずれも伝馬問屋を兼帯していた。天和二年（一六八二）水口に入封した加藤氏は、儀峨彦之丞に金一二〇両、堤文左衛門に金一〇〇両を下しているが、貞享年間（一六八四～八八）には両家とも退転し、鵜飼本陣が幕末に至るまでその職を勤めた。脇本陣は、幕末期に臼井又三郎（松葉屋）が勤めている。

問屋場は、最初は作坂町・旅籠町と天王町、河内町、北町の東西それぞれの伝馬町に問屋を置き、さらに平《ひら》町に人足会所を建てて三カ所で人馬継ぎ立てをおこなっていたが、天保の段階では大池《おいけ》町に一カ所となっている。

その問屋場で宿の運営を掌ったのが問屋である。寛永十二年（一六三五）、東西伝馬が置かれたときに問屋が設けられた。元禄十年（一六九七）、伝馬会所・人足会所を統合して問屋所となり、宿場の機能全般を担う重要な役割を果たすようになった。問屋が差配した宿継人馬の賃銭は表4のとおりである。

正徳三年（一七一三）の指出《さしだし》には、問屋五左衛門、六右衛門、甚左衛門、三郎左衛門、控役人三郎右衛門、五郎左衛門、喜左衛門、元〆役九郎左衛門、六兵衛、藤十郎、七郎左衛門、久左衛門、三次、市左衛門、三入、兵右衛門、庄兵衛、新助、清兵衛の名前が見えており、この時期に水口宿の運営に携わっていた役人である。享保十年には、二名に減少し、明和二年（一七六五）は大野吉郎兵衛と佐治右衛門が勤めている。

天保十四年（一八四三）には、問屋二人、年寄三人、馬指《うまさし》二人、同下働二人、人足割二人、小使二人、書役一人、肝煎《きもいり》八人と、ほかに惣年寄三人、宿賄方《まかないがた》一六人がいて、普段は問屋一人、年寄一人、馬指一人、人足割一人、小使二人、肝煎二人ずつが五日交替で詰めていた。

宿の問屋は入札によって決められていた。寛延元年（一七四八）、問屋の業務を入札とし、担当者を募っている。

臨時入用を除いて年間の費用が五三〇両の問屋役を、入札に出して請け負わせるというものである。支出に関して見積もりは出せても、収入については実質齟齬《そご》が生じることとなり、地方の持高に宿役をかけるように願い、延享四年（一七四七）から三年間にわたって毎年三〇石の米を地方から廻す許しを得ている。宿での徴収金額を十段階に分け、全体で二割の増徴をおこなうほか、宿内の家別に一日三文ずつの出金を求めたのである。さらに、宝暦四年（一七五四）には、二年越しに道中奉行所へ願い出ていた水口宿のみの特別助成として、向こう八カ年にわたって毎年米四〇石が下されることとなった。

表４　水口宿の人馬賃銭　正徳元年（1711）

	土山～水口	水口～石部
荷物一駄	127 文	146 文
乗掛荷人共	127 文	146 文
軽尻馬一疋	81 文	91 文
人足一人	61 文	70 文

助郷は元禄七年（一六九四）ごろに成立していたと思われるが、享保十年（一七二五）には定《じょう》助郷二九カ村が勤め、その高は一万五一二一石であった。文政十年（一八二七）には三雲村（湖南市）ほか二六カ村二〇一六石の休役分に対して蒲生郡横山村など一六カ村が、また嘉永四年（一八五一）には植村ほか二五カ村の休役に対して野田村など三七カ村が、それぞれ代助郷に指定されている。

現在の水口宿は明治になって甲賀郡の中心として、政治や経済の中心的役割を果たしてきた。そのため明治以降の町の変化は大きく、宿場当時の面影を伝えるものは数少ない。ただ紡垂状の町の形状はそのまま残されている。石橋にはモニュメントが作られ、また水口の城下と宿場の人々に根付いた曳山《ひきやま》まつりは、今なお受け継がれ、街道沿いに曳山囃子《ばやし》の公園も整備されている。

京立ち石部泊り・石部宿［湖南市］

水口宿から東海道十三渡しのひとつに数えられた横田川の渡しを越え、三雲、夏見を経て石部宿に入る。ここ石部の宿場は、京都からは一日の行程で「京立ち石部泊り」といわれていた。

当地は古代の東海道が通り、石部の駅家が設けられていた。『雅実公記《まさざね》』の長治二年（一一〇五）八月条に、伊勢勅使を命じられた源雅実が「石部駅家」を通過した記事がみえ、その後も明徳四年（一三九三）九月に足利義満が伊勢参宮の途中で、ここ石部で宿泊したといわれている（『足利治乱記』）。

天正十八年（一五九〇）に、徳川家康は吉川半兵衛を近江の代官に任じ、翌十九年には代官屋敷改築のため永楽銭五〇貫を与えて、東西交通の本陣として使用したといわれている（小島忠行家文書「吉川家由緒書願書写」）。このあとも、家康に仕えた松平家忠の『家忠日記』には、文禄元年（一五九二）に家康が吉川家に宿泊したことがみえる。吉川半兵衛は、近江の代官としてこの付近における家康の伝馬御用も勤めており、のちの本陣が広く諸侯の休泊に供されたものであるが、この段階では吉川家の休泊所としての利用は徳川家に限られていた。

一方では豊臣秀吉の統一的な交通政策も施されていたのである。慶長二年（一五九七）の信濃善光寺の仏龕《ぶつがん》を京都方広寺への輸送に際して、役夫・伝馬を課した宿駅として土山、草津、大津とともに石部の名が見える。これは、秀吉の家臣である長束《なつか》正家や新庄東玉《とうぎょく》らが人馬調達を差配したこと

歌川広重画「東海道五十三次・石部」

などからもうかがえる。

石部に限れば、支配領主に関してのみであったが、休泊のための本陣に相当する施設も整えられ、また人馬継立についても、臨時的なものではあったが十分応えられるだけのものがあったことから、のちに徳川家康が整備する東海道や中山道の宿場としての素地が備わりつつあったと考えられる。

石部宿成立の時期について、『石部町史』では元亀二年（一五七一）と元和年間（一六一五～二三）の二説が記されている。元亀二年説は、織田信長の家臣がこの地を知行した際、「田中村・植田村・谷村・蓮村・平野村五箇村一所に合石部町ト成る」（『石部町史所収資料』）とあり、石部町の形成をもって宿の成立と見なしている。また、元和年間説では、伴信友の著した『神名帳考証』に「石部宿は元和年中後宿となされたり」と見えることをもっての理由である。

葛飾北斎画「東海道五十三次・石辺」

元亀二年説は町場が形成されていたことが確認できるというのにとどまり、石部の地が伝馬制にかかる機能を有していたかが定かでない。また元和説についても、慶長六年の水口宿の伝馬定書に「石部」の名前が見え、この段階で伝馬制が布かれたと考えるならば、伴信友の記述をもって石部宿の成立とはしがたい。石部宿の成立については、やはり慶長六年（一六〇一）の徳川家康の東海道整備をもって当てるのが妥当であり、「慶長七年検地帳」でも、伝馬三六疋と六〇坪の地子免除が確認できる（石部町教育委員会所蔵文書）。

天保十四年（一八四三）の『東海道宿村大概帳』によれば、宿高一七一九石八斗六升三合で、宿のまちなみは東西一五町三間。人別は一六〇六人で、うち男八〇八人、女七九八人。家数は四五八軒を数えた。本陣は二軒、脇本陣はなく、旅籠屋は三二軒あった。宿場のまちなみは、東から東清水町、中清水町、西清水町、小池町、鵜《う》ノ目《め》町、大亀町、谷町、仲町、出水町、平野町、上横《かみよこ》町、下横町と続き、下横町に一里塚が築かれていた。大亀町に問屋場や高札場が、谷町に三大寺本陣が、仲町に小島本陣が設けられた。旅籠は宿の東西入り口あたりに多く、中央部あたりは商家が軒を連ねていた。また、宿の出入り口には「目見場《めみえば》」があり、街道の往来を監視する役割を担っていた。また、各町には「番所」も設けられ、火災などの番にあたっていた。

二軒あった本陣のうち、三大寺本陣については、資料が乏しく詳細を辿ることはできないが、もとは甲賀郡の豪族三大寺信尹《のぶただ》が女婿である代官吉川源蔵の勧めによって武家の休泊施設を開き、寛永五年（一六二八）に本陣を開業、その職を拝命したとされる（『石部町史』）。

一方の小島本陣は、その由緒書によれば、文禄三年（一五九四）徳川家康が当地を通行した時に休泊した吉川半兵衛の屋敷であり、そののち慶安三年（一六五〇）に創建された。そして当主小島金左衛門は、膳所《ぜぜ》藩主本多俊次、康将に仕え、その功によって貞応元年（一六五二）に本陣職の命をうけたと記されている（小島忠行家文書）。

小島本陣あと

これら二軒の本陣の規模は、天保十四年の改めでは、若干小島本陣のほうが規模は大きかった。

旅籠屋は三二軒のうち、大四軒、中一四軒、小一四軒で、一般の平旅籠とともに飯盛《めしもり》女がいる飯盛旅籠もあった。隣宿の草津宿や水口宿のように、飯盛女の数は明らかではないが、「往来方諸入用勘定帳」から幕末期の飯盛運上の額がうかがえる。その額は、嘉永六年（一八五三）に銭二一二貫七九四文、安政元年（一八五四）に二七一貫八〇〇

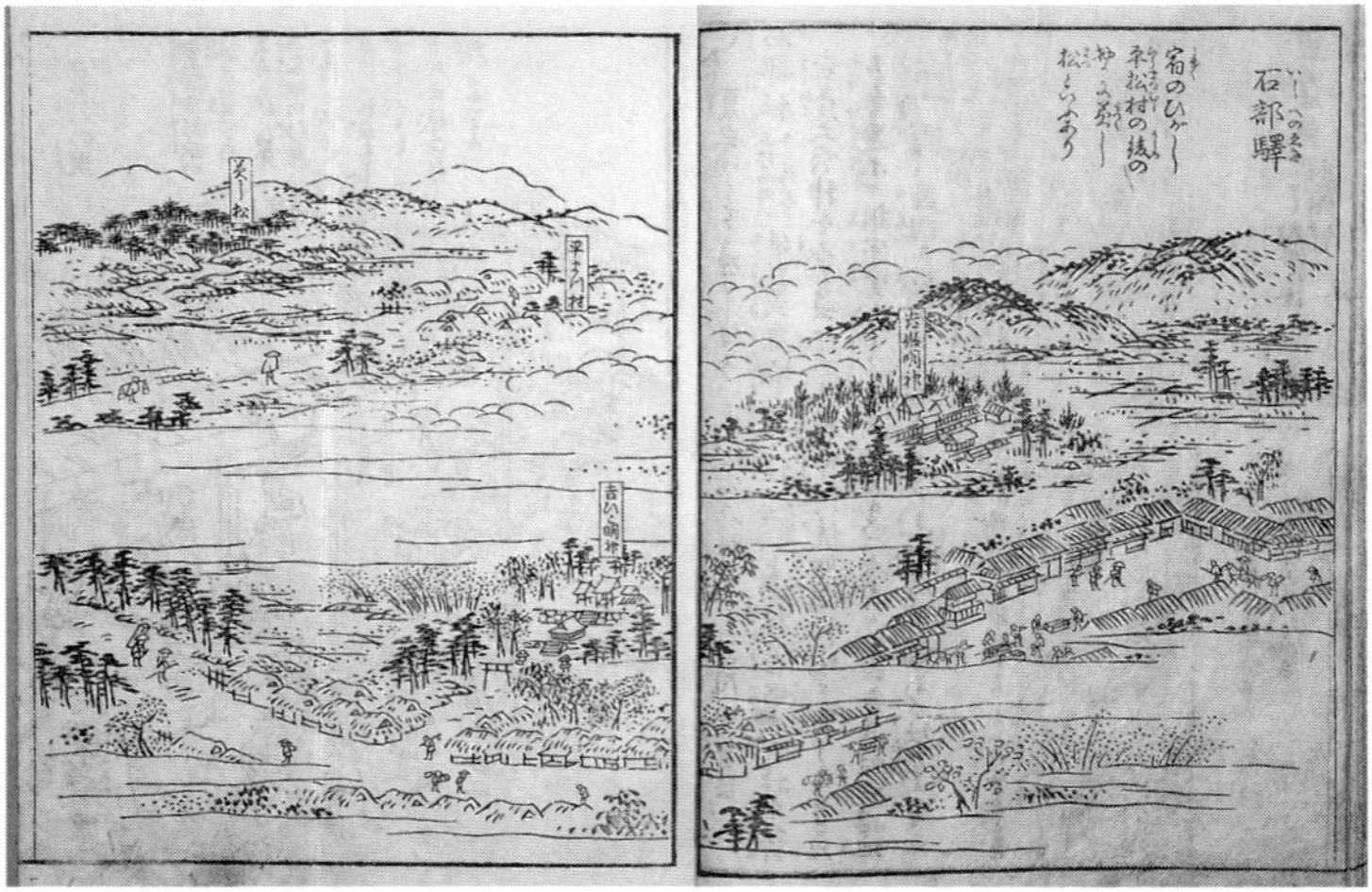

「伊勢参宮名所図会」石部宿

文となっている。草津宿の場合、日に六〇～七〇文の飯盛運上であったので、同様に考えると、一〇人～一五人程度の飯盛女がいたと考えられる。この飯盛旅籠に頻繁に出入りしたのは、旅人よりは助郷で宿へ出仕する人足たちであった。

石部宿の宿役人について、正徳二年(一七一二)の「覚書」には「石部宿問屋内記藤七、人足方清水安太郎」と、問屋、人足方の名が見える(『石部町史』)。

享和三年(一八〇三)の石部宿の様子を示す「御分間御用向帳」には、問屋役三人、年寄役二人、書役二人、馬差二人、人足割役二人、定使《じょうづかい》二人、飛脚六人がいたこと(『石部町史』)。天保十四年(一八四三)には、問屋三人、年寄書役兼三人、馬指二人、人足割役二人、定使二人、飛脚六人がおり、普段は問屋一人、年寄書役兼一人、馬指一人、人足割役一人、定使二人、飛脚一人が日々交替で詰めていた。

宿人馬一〇〇人・一〇〇疋のうち、五人・五疋が定囲《じょうがこい》、二五人・二五疋が臨時御用囲で、そのほかは助郷によってまかなわれていた。問屋場で差配する人馬の賃銭は表5のとおりである。

その助郷は、元禄七年（一六〇四）に大助郷二六カ村が定められた。この大助郷は享保年間（一七一六〜三六）の定助郷に組み替えられたときも村数は変わらず、そのまま継承されている。しかし、宝暦六年（一七五六）に、豪雨による被害のため、石部宿助郷二六カ村のうち、東寺《ひがしてら》村が七カ年の助郷休役願いを出して聞き届けられ、代わって宝暦八年から栗太《くりた》郡の小野村、蜂屋村、大橋村が代助郷に指定されている。しかし、七年経っても困窮は回復せず、ふたたび七カ年の休役延長を願ったが、さすがにこのときは認められず、明和四年（一七六七）に助郷の減勤が認められた。この減勤分も先の三カ村が負担している。

さらに、江戸時代後期になると通行量の増大する一方で、助郷を負担する村々の困窮も増し、天保六年（一八三五）には石部宿の助郷村々から馬一〇疋分の減勤が出された。石部宿の宿人馬でも三〇疋分を、助郷役を負担していない手明きの村に課すように道中奉行に願い出ている。結局三〇疋のうちの三分の二は、天保七年二月から一〇年間手明きの村二一カ村に負担させることになった。一〇年間の年季が明けた後も継続を願い出たが、これは認められず、文久二年（一八六二）に至って、宿立《しゅくたて》人馬三〇疋分は、新たに三二カ村が宿付助郷として負担することとなったのである。

宿継ぎ人馬とともに宿場では飛脚の仕事も掌っていた。その飛脚をめぐっての事件が起こっている。飛脚には、月に三度江戸と大坂、京都を往復する三度飛脚があり、その取次処が石部宿にも設けられていた。享保三年（一七二三）十月二十三日、大坂三度飛脚の嶋屋喜兵衛らの一行六人が当宿へ到着し、宿問屋でもあり取次処でもあった治左衛門宅に投宿。彼らは大坂の大名屋敷への御用と商人から依頼された金品の配達をおこなっていたが、その夜中に大名、商人から預かっていた金二一六両余りと銭一貫文の入った財布を盗まれてしまった。問屋治左衛門は、さっそく犯人と盗難品の捜査に当たらせたが、翌朝近くの金山村まで行っていた者が宿へ戻る途中で、中の金銭を抜き取った空の財布だけを発見した。周辺には怪しいものは見当たらず、とりあえず大坂の大名、商人に届けるべき金銭は大坂飛脚組合から立て替えてもらい支払った。十一月になっても事件の手がかりはつかめず、余りにも大金であるので、泣き寝入りするようなことにでもなれば、信用を失い飛脚稼業全体への影響も懸念して、使用人を含む問屋治左衛門や財布を発見したものまで取り調べてほしいと奉行所へ訴え出た。膳所御役所での取り調べののち、翌享保九年一月十三日から四月四日まで一応の決着がつくまでの間、訴訟人飛脚喜兵衛方と、被告側石部宿問屋治左衛門方ともに江戸へ赴き、評定所へ三回、町奉行大岡越前守御番所へ七回出向いて取り調べを受けている。結局は四月四日に問屋治左衛門らを犯人とする証拠はなく、今後何か判明した場合には速やかに届け出るように、と双方お咎《とが》めはなかった。世にいう「越前裁き」も今ひとつ冴えなかったようである。

ほかに、石部宿を広く世に知らせたものに、浄瑠璃の題材となった『桂川連理柵《れんりのしがらみ》』がある。これは、安永五年（一七七六）十月に、堀江一の側座で初演された菅専助の作品である。その内容は、

表5　石部宿の人馬賃銭　正徳元年（1711）

	水口〜石部	石部〜草津
荷物一駄	146文	140文
乗掛荷人共	146文	140文
軽尻馬一疋	91文	88文
人足一人	70文	69文

伊勢へ詣でた帰り、信濃屋の娘お半が、商用帰りの隣店の帯屋長右衛門と石部宿で偶然同宿するが、お半は丁稚の長吉に言い寄られ、隣室の長右衛門のもとへ逃れ、一夜をともにする。長吉は怒って、その腹いせに長右衛門が遠州侯から預かった正宗の刀の中身を自分の脇差とすり替え、夜が明けると一行は何もなかったように帰途につく、といったものである。さらに、この浄瑠璃の作品が世に出る前の、宝暦五年（一七〇八）に竹本座で初演された「丹波与作待夜の小室節」という作品にも、「石部金吉、泊りなら泊めてたも、なんぼ先へ行かしても、旅籠屋は皆一つ、同じねを鳴く鶯の春はござれ伊勢衆ではないか」とあって、融通の利かないもののたとえとして「石部金吉」が登場し、ここでも石部の名が広く知られるようになった。

現在の石部宿は、街道沿いにはポケットパークや田楽茶屋などの休憩施設を設けるなど、宿場町のイメージ創出に取り組んでいる。また、街道から少し外れるものの、早くに石部宿場の里として宿場町のイメージを再現した資料館を開館させている。

東海道と中山道の分岐点・草津宿［草津市］

草津と聞いて上州草津温泉と間違う人もある。しかし、江戸時代には広く名の知れた草津が近江にある。近江の草津は、東海道五十三次の宿場のひとつとしてにぎわいをみせていた。草津は江戸から数えて五十二番目の宿場である。しかも草津宿は、全国でもただひとつ、東海道と中山道が合流する宿場であった。

葛飾北斎画「東海道五十三次・草津」

東海道は江戸と京三条を結ぶ道筋であることはよく知られている。いっぽう、中山道は木曽街道とも呼ばれ、六十七次と六十九次という二つの考え方がある。六十七次か六十九次かによって、草津宿が中山道の宿場かどうかにも及んでくる。幕府の『五駅便覧』では、中山道を江戸日本橋・草津間一二九里一〇町六間(約五〇七キロメートル)、宿継ぎは板橋宿(東京都板橋区)から守山宿までとしている。したがって、幕府道中奉行から下された触書などの宛名は、当然のことながら、東海道筋は品川より大津宿まで、中山道は板橋より守山までとなっている。

また、東海道と中山道の整備年次を考えた場合、東海道が慶長六年（一六〇一）、中山道が翌七年ということになる。草津宿が慶長六年段階に、宿場として整備されていたのであれば、当然東海道の宿場ということになり、中山道がのちに合流してきたことになって、草津宿は東海道の宿場である。

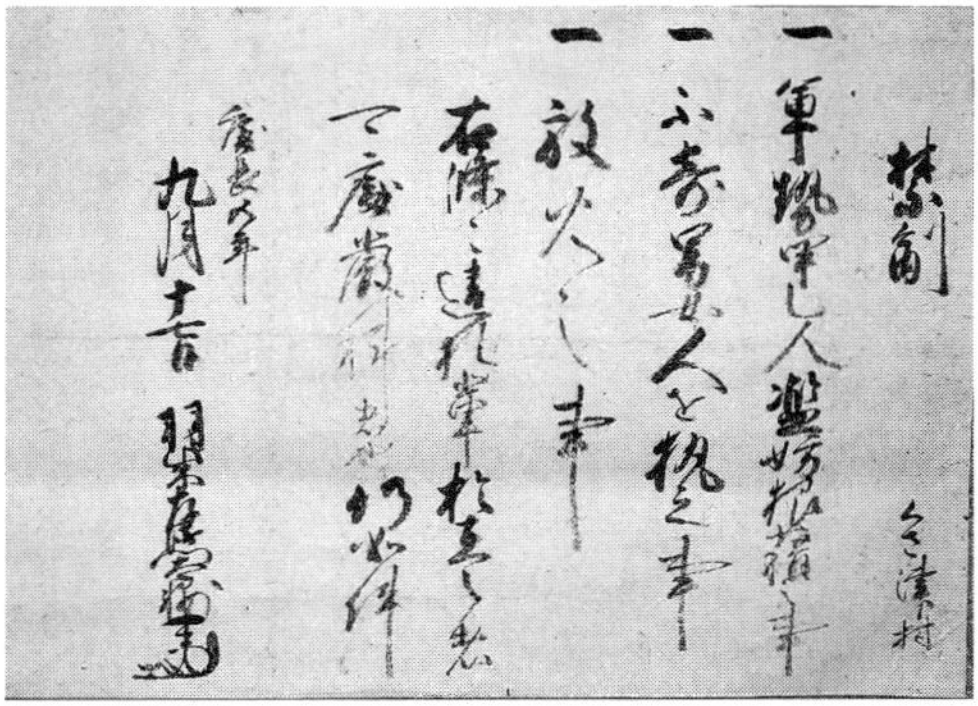

福島正則禁則

いっぽう、天保年間（一八三〇〜四四）、浮世絵の風景画において名を馳せた歌川広重の「木曽海道シリーズ」では六十九次をあつかっており、起点の江戸日本橋から終点の京三条大橋までと、京都御所の絵柄を描く。また、寛政九年（一七九七）に出版された『木曽路名所図会』などでも、京都三条大橋からページを起こしている。草津が宿駅の機能を有するのは織田信長や豊臣秀吉の段階でもみられた。

織田信長は、文禄二年（一五九三）に三位《さんみ》法印が伊勢菰野《こもの》へ湯治に向かう際に、草津に人足を出すよう命令をしている。秀吉も、慶長二年（一五九七）、信濃善光寺の仏龕を京都方光寺に移す際に、草津で継ぎ送りをしている。秀吉が仏龕移送の継ぎ送りの場所として、近江では土山・水口・

草津・大津とみえ、のちの東海道の宿場と同じであった。

慶長五年（一六〇〇）九月十五日、徳川家康は関ヶ原の合戦に勝利し、その二日後の十七日には家康軍についた福島正則が草津に禁制を下した。家康の掌中に草津が収められたことになる。翌々日の十九日には、関ヶ原から大津へ向かう途中に草津へ入り、常善寺で宿泊している。そして、翌日には草津から矢橋《やばせ》へ向かい、湖上を大津へと渡っている。

翌年、徳川家康は東海道の整備に着手した。あわせて宿場の整備もおこなった。宿場として位置づけられたところでは、人馬を提供するかわりに地子を免除するという「伝馬定書」が下された。草津にも、慶長六年に「伝馬定書」が下されている。伝馬三六疋を準備するかわりに地子を免除するといった内容である。この年、草津宿が誕生したのである。慶長六年、東海道の宿場として設置された草津宿は、当初から完全な形での宿場として誕生したのではない。翌七年の「草津村検地帳」では一四七筆の屋敷地が確認でき、人家が集中していた。しかし、今日、宿場町をイメージするような、街道に沿って旅籠屋が軒を連ねた光景が出来上がるのは、まだしばらく時の経過を待たねばならなかった。

草津宿において、本陣が設置され、街道筋に旅籠屋が軒を連ねるのは、寛永年間（一六二四〜四四）のことである。これは、草津宿に限らず、東海道の宿場すべてにおいていえることで、幕府の制度で定められた参勤交代が街道や宿場の整備に拍車をかけるとともに、街道沿いの町や村に活気をもたらした。草津宿の田中七左衛門が本陣となったのもこのころである。

その後も参勤交代の制度に加えて、伊勢参宮や巡礼など庶民の旅が盛んになり、旅のホスピタリティを担う施設の充実が図られていった。

元禄四年（一六九一）に江戸へ参府したケンペルは、「草津は五〇〇戸余りの戸数があり、大部分は街道沿いに建てられている」と記す。草津が宿場として設置されてちょうど一〇〇年経った元禄十四年（一七〇一）、宿の家数は二九四軒、人数二〇四八人であった。旅人であったケンペルの数字とは若干異なる。ただ、ケンペルが記すように、宿場町は、一般に街道沿いに細長く伸びたまちなみを思い浮かべるが、草津宿の場合は少し違っていた。宿の中央部あたりには、街道筋のみではなく裏手にも家が建っていたのが特徴である。宿のまちなみは、東西二町、南北七町で、Ｌ字型をした一一町五三間半（約一二〇〇メートル）あった。道幅は三間余り、江戸側から東横町・西横町、一町目、二町目、三町目、四町目、五町目、六町目と宮町からなっていた。天保十四年（一八四三）の『東海道宿村大概帳』では、宿高が一五七一石余り、総戸数五八六戸、人口二三五一人、旅籠屋数七二軒とある。宿の長さは、東海道の近江五宿の中ではもっとも短い。これは、街道に沿って南に続く矢倉村や中山道沿いに北へ続く大路井《おちのい》村、渋川村が、連続して立地することで、まちなみとしては他宿に劣らない景観を呈していた。とはいっても、宿場の機能は、草津宿のみでまかなわれていたことはいうまでもない。

本陣は一町目と二町目に、脇本陣が一町目から三町目にあった。本陣は田中九蔵、田中七左衛門で、二軒あった。ついで脇本陣は、明細帳には二軒の記載が多いが、時には「脇本陣並」を加えて四軒

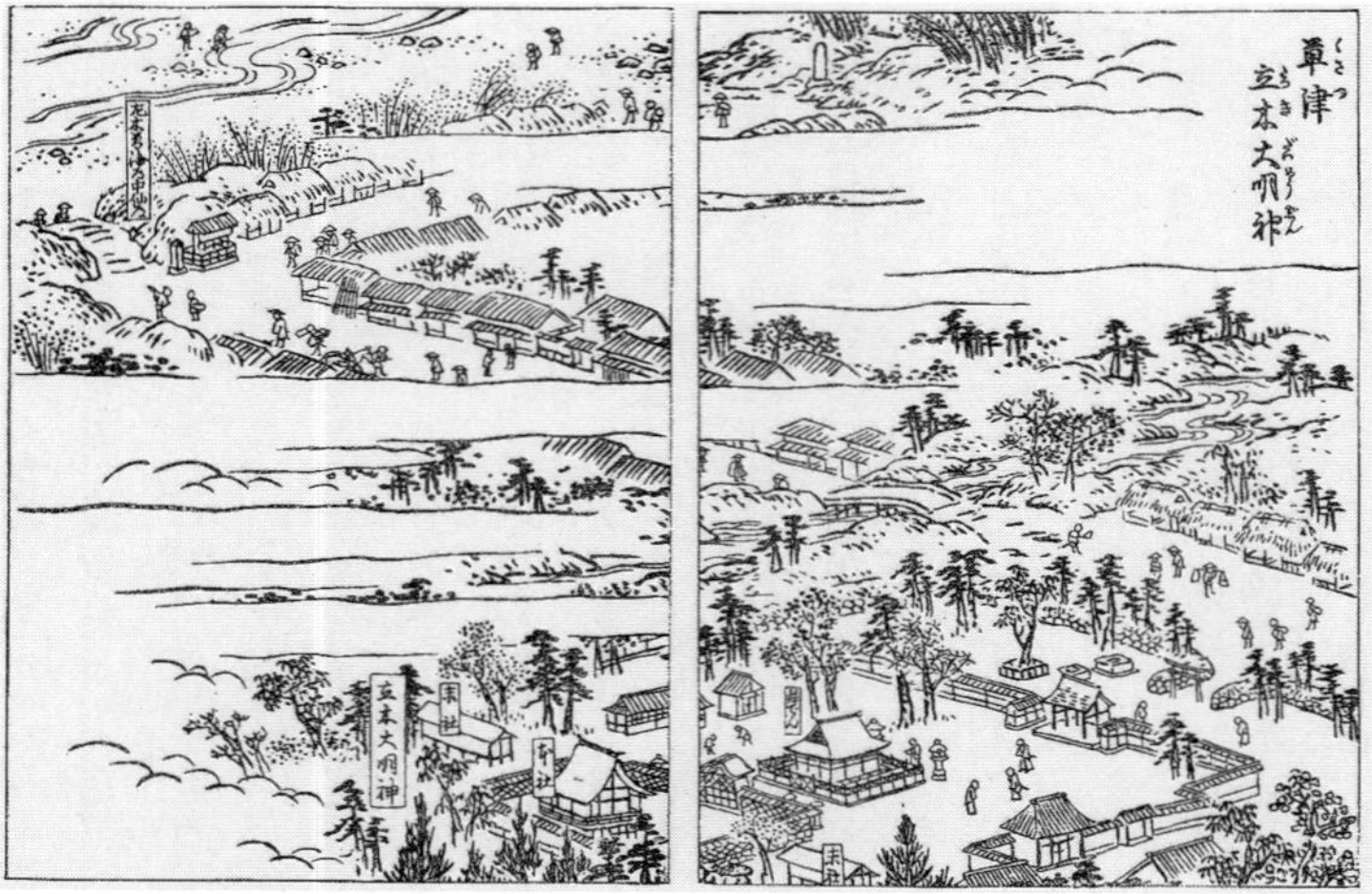

「伊勢参宮名所図会」立木大明神

存在した。その脇本陣は、本陣のように世襲の形をとらず、例えば「膳所郡方日記」天保二年(一八三一)正月十四日条に、「一、草津宿大黒屋弥助、脇本陣仰せ付けられ候段案内、御礼ニ罷り出ル」とみえるように、脇本陣に任免については膳所藩の郡方奉行の裁量によっておこなわれていた。

一般の旅人が休泊する旅籠屋は七二軒を数え、多いときには一三〇軒余りを数えたといわれる。当然、多くの旅籠屋が軒を連ねていたということは、需要があったためでもあるが、一方で江戸時代後期には熾烈《しれつ》な客引きがおこなわれ、宿内の旅籠によって自粛を申し合わせている。

人馬継立を担う問屋場や、人足小屋などの関連施設が四町目にあった。草津宿は正徳元年(一七一一)に東海道、中山道筋に五カ所設けた貫目改所《かんめあらためしょ》も置かれていた。その貫目改所は、

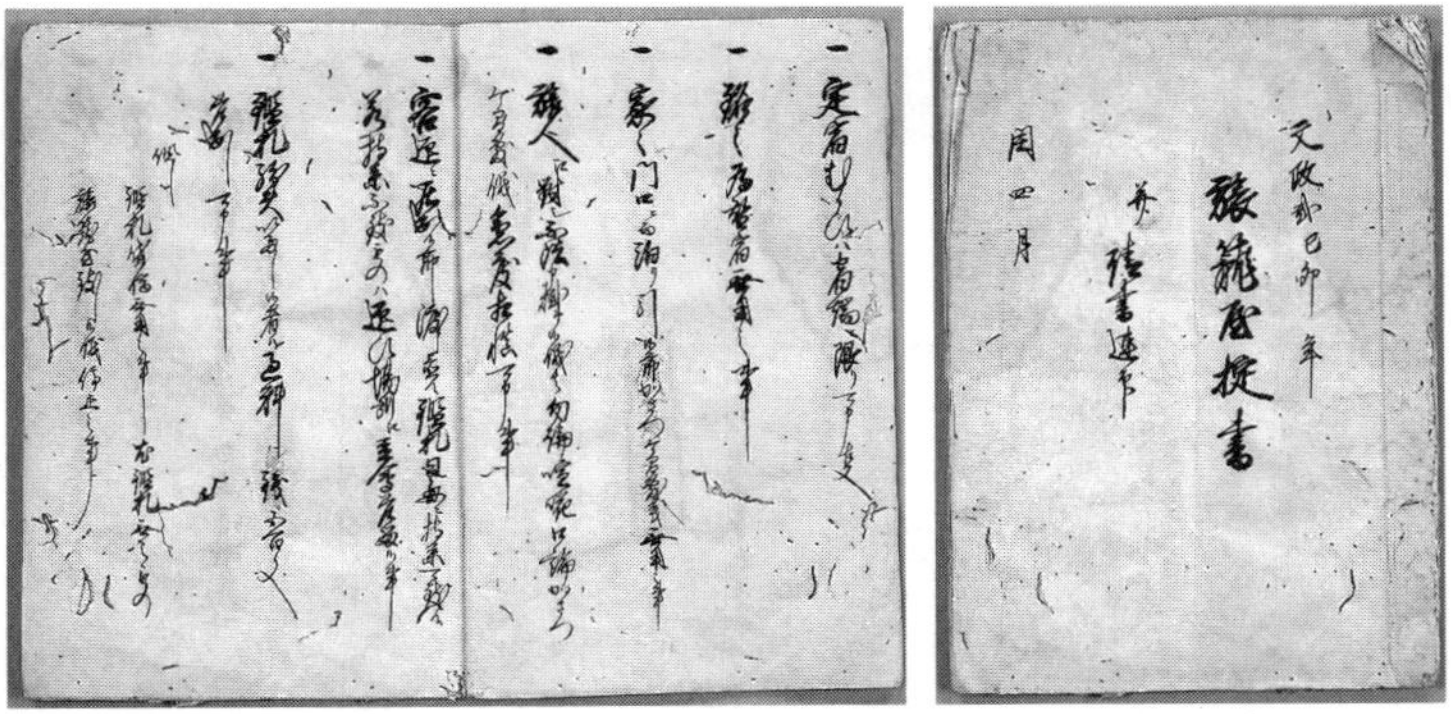

旅籠屋掟書（草津宿本陣蔵）

享和三年（一八〇三）の「御分間御絵図御用宿方明細帳」によると「問屋場ニて而立ち会い取り計らい相勤め申し候」とみえ、問屋場において事務を執っていたことがわかる。

宿内には、二四の小路が街道と交差し、またところどころに「火合《ひあい》」と称する空地を設け、火災から宿を守る工夫がされていた。家々は、藁《わら》や萱《かや》などで葺《ふ》かれた草葺きの屋根であった。しかし、享保三年（一七一八）四月五日、宿内で一〇〇軒余りの家々が焼失する火災が起こり、宿の人々は藁葺き家屋の延焼の早さを思い知らされることとなった。これをひとつの契機に、宿内では瓦葺きの家々が増えてくる。道中奉行のもと、草津宿の管理に当たっていた膳所藩に瓦葺きへの建て替え願いが出されている。

さらに高札場は、享和三年（一八〇三）の「御分間御絵図御用宿方明細帳」では、東海道と中山道の分岐点で、江戸よりみて右の方にあった。その規模は「高サ一丈三尺・長サ一丈五尺・横五尺五寸　石垣高サ二尺六寸」で、高札の枚数は、明和七年（一七七〇）に一枚追加されて七枚が掲げ

表6　草津宿の人馬賃銭　正徳元年（1711）

	石部～草津	草津～矢橋	草津～大津	草津～守山
荷物一駄	140文	49文	166文	69文
乗掛荷人共	140文	49文	166文	69文
軽尻馬一疋	88文	34文	109文	45文
人足一人	69文	25文	81文	35文

られていた。

草津宿でどのような仕事がおこなわれていたのか。おおきく休泊、継立の仕事があった。

休泊についてはよく知られている。参勤交代の大名をはじめ、長崎奉行や大坂城代の交代などの公用旅行を始め、一般の伊勢参りや西国巡礼、商用など、街道を旅する人々に対して宿を提供した。通信は、飛脚の取次処などが置かれ、手紙などの輸送を担っていた。

宿場において、本陣が民営であったのに対し、問屋場は公営で、享和三年（一八〇三）には、問屋・貫目改役兼四人、年寄三人、馬指・秤取兼五人、人足指・秤取兼六人、下働き六人の二四名の役人がいた。平生は当番問屋一人、年寄一人、馬指二人、人足指二人、下働き二人の八人が詰めている。ほかに地下方年寄二人、組頭が一八人いた。

宿役人も、天保十四年（一八四三）には、問屋・貫目改兼六人、年寄五人、馬指五人、人足指五人で、日々問屋二人、年寄一人、馬指一人、人足指一人が詰めており、さらに幕末にいたって慶応元年（一八六五）には、問屋七人、年寄六人、書役六人、人足差七人、馬差七人、出迎役一八人がいた。問屋場の体制は、近世の後半期になると、荷物の量や役人の給金など宿運営とも密接に関わり変化が見られる。

草津宿では、宿で常置人馬を抱えて上りは大津宿、下りは東海道が石部宿、中山道が守山宿へと荷物を継ぎ送っていた。人馬賃銭は表6のとおりであった。

歌川広重画「東海道五十三次・草津」

問屋場は、どこの宿場にも置かれていたが、草津宿には、関西でここだけに置かれた貫目改所がある。正徳二年(一七一二)三月に、全国で五カ所設置された。東海道で品川・府中、草津、中山道で板橋・洗馬《せば》にあった。関西では草津のみということで、幕府が草津の地をいかに重要視していたかがわかる。貫目改所は、継立荷物の重量を検査するところであった。また、あわせて不正荷物などの取り締まりもおこなっていた。

荷物の取り締まりは次のようであった。往還の下り荷物は、東海道・中山道ともすべて馬よりおろして貫目を引かせていた。そして重いものは秤で改めた。東海道から上りの分は重い荷物は、事前に申し出ることとし、重いと思われるような荷物のみ下ろして改める。

ちなみに、貫目改所の施設は、正徳二年(一七一二)の貫目改所設置にあたっては、貫目改所の運営経費として、東海道の貫目改所には年間六五両、中山道では五〇両を下付された。新たに貫目改所の建築費を付与されることはなかったため、設置当初は問屋場の建築構造を変えず、その一部を利用した。おそらく多少の手を加えただけで受け継がれた。

また問屋場とともに人足部屋もあった。天保期(一八三〇~四四)ごろには、「人足部屋二軒建て置き、部屋頭両人に決め、一人に人足三十五人宛抱え置かせ」とみえ、人足部屋二軒が問屋役を勤めた太田亦四郎家の裏手にあった。

現在の草津宿は、宿場の面影を残すものといえば史跡に指定されている草津宿本陣と東海道、中山道の分岐を示す道標くらいである。家並みもほとんどが建て代わり、かつてのにぎわいをうかがうことはできない。明治以降に商店街に変容を遂げ、草津大市など近郷からの集客でにぎわいをみせた時期もあったが、それも現在は失われてしまっている。現在、官民が一体となって、旧草津宿エリアの再生に取り組んでいる。

東海道最後の宿場・大津宿［大津市］

大津宿は、徳川家康が東海道に伝馬制を布いた慶長六年（一六〇一）より一年遅れた慶長七年十月八日、大津宿の成立をみる。その後「夫高千八拾七人九歩壱厘」の人足役負担が大津町人へ課せられた。この「夫高」については、「右は地子御免許以後地高ニ応じ、夫高究め候ニ付き、町々夫高多少これ有り、但し次（継）人足并びに町々掛銀等右夫高を以て割符致し候由」（『京都御役所向大概覚書』）とあるように、地子免除を受けた慶長七年以降に町ごとに算定されたもので、この夫高を基準に宿場の人足の調達費用や、大津町諸般の費用負担がおこなわれた。そして、この負担をする家は「役家《やくや》」と呼ばれ、大津町全体で三〇一五軒を数えた（『淡海録』）。

葛飾北斎画「東海道五十三次・大津」

　徳川家康が慶長六年に各宿駅に三六疋の常置人馬を命じたときに、一疋につき一定の屋敷地の地子免除が認められたが、のちに大津が一〇〇疋の人馬常置となった際に、大津町で

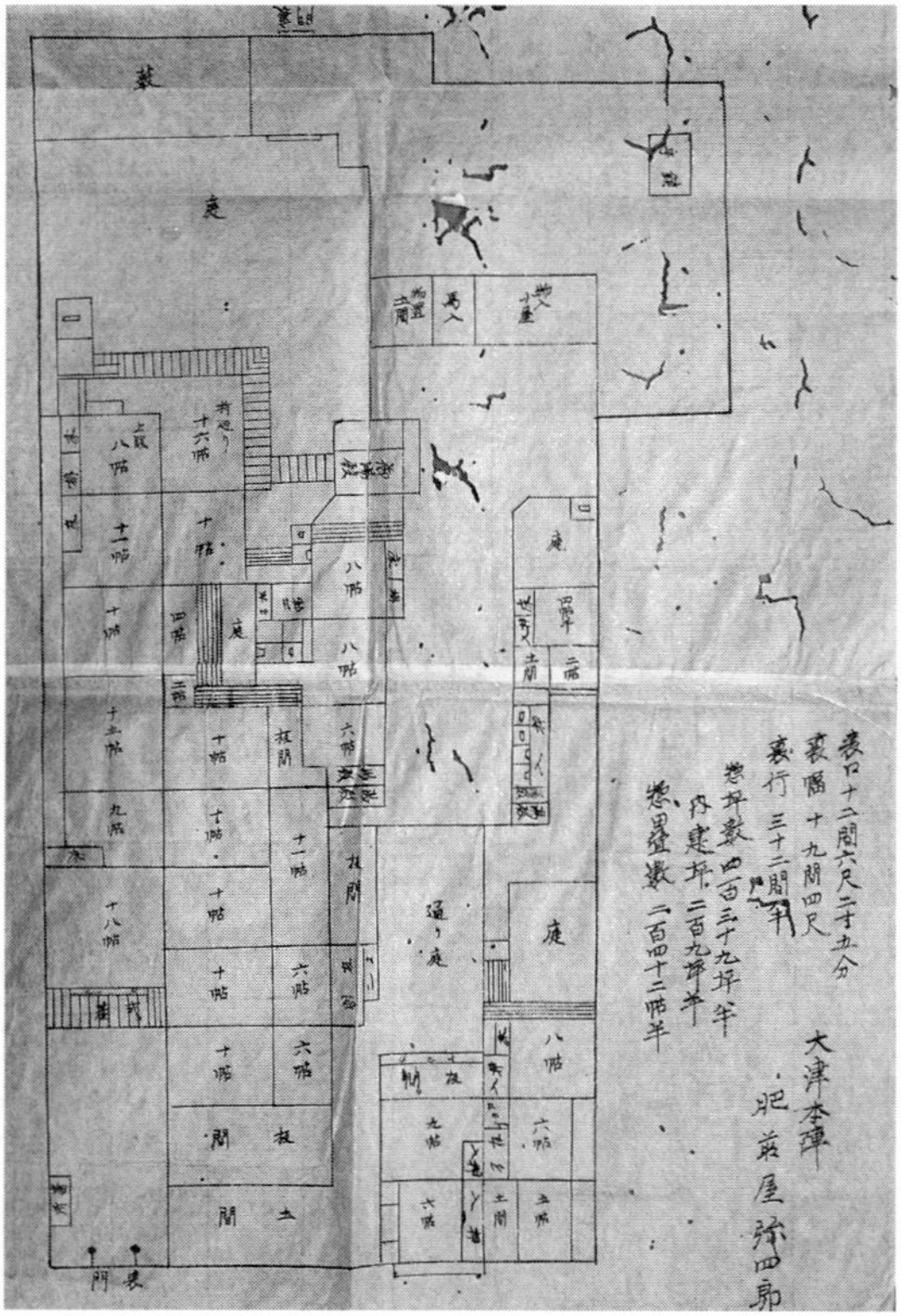

大津宿本陣間取り図（個人蔵）

七〇疋分の地子免除をすでに受けていたため、宿駅制度に伴う地子免除はなかった。

人足役負担については、『京都御役所向大概覚書』によれば、船頭町・桶屋町の二カ町のみが免除されていたが、その理由は、大津百艘《ひゃくそう》船《せん》仲間が多く、幕府の廻船御用を務めていたこと、また桶屋町は、慶長年間（一五九六～一六一五）に大津代官所御用を務めていたことによるとされている。

大津町には、近世以降、浜町通・中町通・京町通の三本の幹線通が東西に走り、そのうち東海道は湖岸からもっとも山手にある京町通を通っていた。

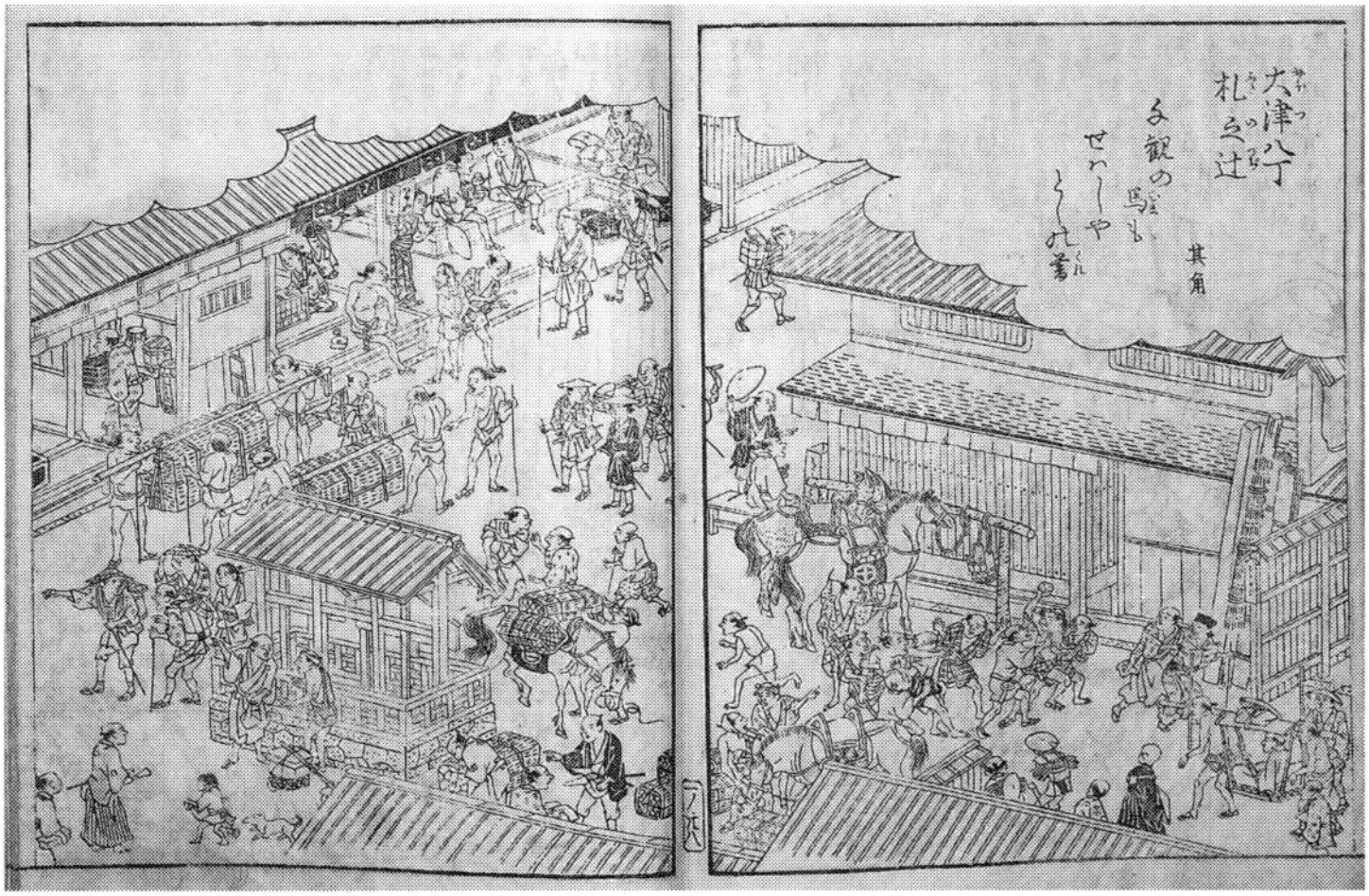

「伊勢参宮名所図会」大津札の辻

上京町の札の辻は、東海道と北国《ほっこく》海道（西近江路）との分岐点にあたっており、ここで東海道は直角に左折する。この札の辻には、元禄八年（一六九五）の馬会所、人会所、札場（高札場）があって、大津宿の主要施設が置かれていた。この札の辻から逢坂山《おうさかやま》へ向かう関清水町までは、大津八丁と呼ばれ本陣・脇本陣をはじめ旅籠屋が軒を連ねていた。この様子は歌川広重の描く浮世絵にも描かれている。

大津宿において休泊を担う施設としては、本陣が大坂屋嘉右衛門、肥前屋九左衛門の二軒、脇本陣は播磨屋市右衛門が勤めていた（『淡海録抄』）。天保十四年（一八四三）の『東海道宿村大概帳』によれば、大坂屋本陣が建坪三九四坪余、肥前屋本陣が一九六坪余、元禄十二年（一六九九）には旅籠屋数が大津町全体で一三五軒を数えた（『淡海録』）。

表7　大津宿の人馬賃銭　正徳元年(1711)

	大津～草津	大津～矢橋(船賃)	大津～京都	大津～伏見
荷物一駄	166文	29文	169文	175文
乗掛荷人共	166文	29文	169文	175文
軽尻馬一疋	109文	19文	111文	113文
人足一人	81文	10文	82文	84文

人馬継立の施設としては、馬会所が上京町に、人足会所が下東八町に、上番所が清水町にそれぞれ一カ所置かれていた。このほか、上京町の馬借会所の裏に併設されていた。元禄八年十月の「上京町絵図」によれば、馬借会所は東海道と北国海道の分岐点にあった札の辻の南西角に置かれ、間口五間余、奥行き二一間余と普通の町家とさほど規模的には変わらなかった。

上番所は、山城の加茂村・田中村・一乗寺村・白川村・松ケ崎村・泉涌寺《せんにゅうじ》村・今熊(野)村など京都方面から入り込んで、大津廻着の荷物を輸送する者たちの管理を、平等会所は商人の取り扱う荷物の輸送の管理にあたっていた。ただ、この平等荷物については、「荷高の内三分通(三割)山科へ送らせ」、残り七分が大津馬の輸送という分担が決められていた。大津宿の人馬継立の賃銭については表7のとおりであった。

馬会所・人足会所は、正徳五年(一七一五)に宿役人給分などの経費削減のため、機能が統合され、このときの宿役人としては惣年寄二人、町代二人、肝煎二人、年番年寄十人、待番十二人、鐘撞《かねつき》一人であった(『大津宿役人馬会所勤方一件』)。惣年寄は大津町惣年寄の小野家、矢嶋家で、両家は町政運営とともに大津宿の最高責任者として宿駅事務も掌っていた。その町代以下の役人については、

> 即ち惣年寄・町代・肝煎毎日壱人づゝ相別り、人馬会所へ相詰め、人馬遣方其の外金銀請払い等、委細吟味を遂ぐべき旨仰せ付けられ、尤も勘定帳面出来以後吟味致し、相違これ無くば、奥書印形差し上ぐべき旨仰せ付けられ候

とあり、惣年寄・町代・肝煎が宿場財政を含めた宿駅事務にあたっていた。

年番年寄とは、大津百町の町年寄のなかから入札によって選ばれ、一年交代で実際の宿駅事務を担当していた（『大津古事留帳』）。なお、待番は延享四年の「大津人馬会所勤方御定書写」によれば（『尾花川親友会共有文書』）、「荷物手伝いにつかひ働きの儀、成るべく程は待番共ニ相勤めさせ、働き人足多く費えざる様いたすべき事」、「諸往来注進届けの儀、是迄待番共へ任せ置き」とあり、宿駅の雑用を担っていた。鐘撞は、飛脚そのほか御用の宿役時刻を、鐘を撞いて知らせる役目を負っていた（『淡海録』）。

天保十四年（一八四三）の『東海道宿村大概帳』では、問屋場は上京町に行一カ所置かれ、問屋町代兼帯二人、問屋肝煎二人、問屋肝煎見習二人、宿場年寄三人、順番年寄五人、人馬帳付定番四人、御状箱宰領刻取待番七人、人足世話役一〇人がおり、問屋町代兼帯一人、問屋肝煎・同見習四人、宿場年寄・順番年寄のうち三人、人馬帳付定番二人、御状箱宰領刻取待番二人、人足世話役五人が交替で詰めていた。先の正徳五年のときの宿役人とは若干異なっている。

彼ら宿役人の給銀は、元文二年（一七三七）の記録では、惣年寄・町代が銀七百匁《もんめ》、肝煎が銀

六百五十匁、待番が銀五百五十匁で、鐘撞は銀二百十五匁であった。これは年間の給銀で、人数などによっても上下があった（『大津宿役人人馬会所勤方一件』）。

正徳二年（一七一二）、滋賀・栗太両郡の一六カ村が助郷に指定された。指定された村々では農業に加えての負担を強いられることとなり、享保三年（一七一八）、負担軽減のため、追加の村を指定する増助郷を願い出たが、同六年隣の草津宿の助郷よりは負担が軽いとして認められなかった。

現在の大津宿は、現在街道沿いに東海道の表示をしているが、かつての宿場の中心で、北国海道の分かれる札の辻あたりも拡幅され、わずかに本陣あとの碑が建つ程度である。

五　中山道の宿場町

近江入口の宿場・柏原宿［米原市］

中山道は関ヶ原宿、今須宿を経て美濃から近江に入り、六十番目の宿場が柏原宿。宿場の手前、美濃国との境にある長久寺村は「寝物語の里」として知られている。国境の小さな溝を挟んで旅籠《はたご》屋が二軒あった。源義経が兄頼朝の追討を逃れて東国へ去ったとき、そのあとを追ってきた義経の家臣江田源蔵広成が、宿の主人と寝物語をするうちに、隣宿に泊まっていた静御前がそれを耳にし、二人はめでたく再会、二人で旅立ったとする伝説が伝えられている。その長久寺村に続くのが柏原村で、ここに柏原宿が設けられていた。

中世には『東関紀行』に柏原の名がみえており、『大乗院寺社雑事記』の文明十一年（一四七九）七月二十六日条に、番場から柏原までと、柏原から垂井（岐阜県垂井町）までの経費が、それぞれ一〇〇文と記され、またこの柏原に関が設けられていたこともうかがえる。

永禄十一年（一五六八）、織田信長が上洛に際して「九月廿一日既に御馬を進められ、柏原上菩提院御着座」とあり、岐阜への帰路についても、同年十月二十六日に京都を出立、その日は守山に泊り、翌二十七日に柏原成菩提院に泊まっている。翌十二年には、山科言継《ときつぐ》が美濃へ下向するとき、柏原の堤孫七郎宅に投宿したことが『言継卿記』にみえる。そして、天正十七年（一五八九）豊臣秀吉の京都方広寺の大仏建立のため、六〇〇〇人余りの人夫を動員して美濃国表佐《おさ》（岐阜県垂井町）からここ柏原まで、材木の次送りを命じている。さらに同年、山内一豊に柏原から琵琶湖の湊であった朝妻（米原市）までの材木の次送りを命じるなど、柏原の地がこの段階で宿継ぎをするだけの機能を備えていたことを確認できるのである。

中山道に宿場が設けられたのは、伝馬《てんま》制が布かれた慶長七年（一六〇二）が最初であるが、ここ柏原宿の場合も、のちの寛政二年（一七九〇）の史料に「慶長年中ニ宿問屋場相定り」とみえ、慶長七年の中山道の整備、もしくはそれから時期を隔てずして成立したと考えられる。

その柏原宿成立の基礎ともなったのが「御茶屋」「御殿」である。延宝五年（一六七七）の延宝検地のときに、坂田郡柏原村から検地奉行に宛てた嘆願状のなかに引高分の理由として柏原御殿の由緒が記されている。天正十六年（一五八八）三月十六日、京都へ向かう途中、徳川家康が柏原の在地土豪西村勘介の屋敷を宿舎として使用したというのである。家康、二代秀忠のときにも幾度かの通行があり、元和九年（一六二三）三代将軍家光が上洛するにあたって御殿を建造した。当時の御殿は、間口四二間、奥行三八間余りで、街道を隔てた南側には行岡小市郎の名がみえる「御殿御番」があった。寛永十年（一六三三）三月二十七日付で、勘定奉行の杉田忠次・武藤安信、算用奉行の曽根吉次が、近江国代官小堀遠江守《とおとうみのかみ》に宛てて伝馬人足の調達と継飛脚《つぎひきゃく》御用のため、毎年柏原に六石余の給米を下している。これは翌年に三代将軍徳川家光の上洛があったためで、このときも家光は東海道宮宿（名古屋市）から美濃路を経て垂井宿から中山道を西へと向かい柏原を通っている。

この御殿は、柏原宿が整備される中で不要となり、元禄二年（一六八九）御殿番行岡小市郎が御扶

柏原宿御殿跡

持米を召し上げられて江戸に帰り、同年正月二十四日当時代官をつとめた辻弥五左衛門より柏原村役人へ「御殿御預け」となった。三月二十四日には御殿の道具類を入札によって三貫八九五匁《もんめ》で売り払われている。そして、本陣、脇本陣という近世的形態へすがたをかえて宿場としての役割を担っていく。

柏原宿は、柏原村の一村で形成され、宿の長さ東西一三町。東町・宿村《しゅくむら》町・市場町・今川・西町・御茶屋・仲井町の七カ町で構成されていた（天保十四年の『中山道宿村大概帳』では御茶屋・仲井がなく五カ町となっている）。延宝三年（一六七五）の道中奉行の配下にあった瀬戸彦右衛門、藤井善右衛門に差し出した「覚」によれば、惣家数二九六軒を数えたという。また、天保十四年（一八四三）の『中山道宿村大概帳』によれば、家数三四四軒、人口一四六八人、本陣、脇本陣はともに一軒ずつで、旅籠屋は二二軒があった。

本陣、脇本陣は宿場の中央部あたりに設けられ、本陣は市場町に一軒、脇本陣は宿村町に一軒あり、本陣は南部家が代々勤めていた。寛保三年（一七四三）に宿方役人から郡山藩金堂代官所に差し出した「口上書」では、本陣、脇本陣は「往古より年寄筋目之内ニて相務め来り候」としている。これは本陣、脇本陣を宿内年寄の者が勤めているとも読み取れるが、むしろ宿内の脇百姓市右衛門が新たに座敷を建てて脇本陣まがいのことをしているのを制するものであった。すなわち、勝手に本陣や脇本陣を営業することは許されず、ここ柏原宿では代々南部家が同職を勤めた。この本陣に泊まった大田南畝《なんぽ》は、

わがやどれる方は本陣にして何某辰右衛門といふ。上段と覚しき所を避けて次の間にやどれり。なげしの上に揚げし関札をみれば、紀伊殿御休。薩摩中将宿。日光御門跡御宿。西園寺殿姫君御宿。また大宜見王子宿。とかける札あるは。うるまの人なるべし。

移築された柏原宿本陣（岐阜県垂井町）

と記している。本陣の建物は間口二六間、奥行一三間、建坪一二八坪で、表門が設けられ、大名などの休泊部分と、南部氏の住居部から構成されていた。現在、本陣の建物は岐阜県垂井町に、表門は関ヶ原町に移築されている。

一般の旅人が休泊する旅籠屋は、先に触れたように天保十四年（一八四三）に二二軒を数えた。うち中七軒、小一五軒である。これより一〇年余り前の天保二年の柏原宿の絵図では一八軒が旅籠屋で、街道を挟んで北側に八軒、南側に一〇軒あり、時期

によってその数には変動があった。

高札場は市場川の東橋詰に設けられ、問屋場は本陣・脇本陣近くに二軒、宿の西端に二軒あった。このほか、天保二年(一八三一)の宿絵図には菓子屋、荒物屋、花屋、肴《さかな》屋、酒屋、薬屋、髪結床などの職商記載が見えている。

宿内には、当時街道の名物として売られていた「伊吹もぐさ」を売る店が何軒かあった。多いときには一〇軒を数えたともいわれ、歌川広重の浮世絵「木曽海道六十九次　柏原」にも、もぐさを売る店先の様子が紹介されている。

宿場には休泊と人馬継立《つぎたて》の二つの機能があったが、そのうち休泊機能は本陣、脇本陣が、人馬継立機能は問屋場が担っていた。柏原宿の人馬継立の賃銭は表8のとおりである。

その問屋に詰め、宿場の運営に携わっていたのが宿役人である。柏原宿では、延宝三年(一六七五)に宿運営に携わる役人は庄屋三人、問屋一二人、年寄一三人、年行司四人、あるき五人、馬指《うまさし》二人、御蔵番六人、馬方夫役之者一八〇人、無役人後家七一人と、御伝馬五〇疋がいた。享保九年(一七二四)「柏原宿諸色明細帳」(柏原区有文書)では、「則往還御用問屋七軒ニ而代リ番ニ相勤申候」とあり、延宝三年に一二軒あった問屋が、享保九年には七軒の問屋となり、その七軒が交代で業務をおこなっていた。また「宿中ニ地子免許之地無御座候」とあり、問屋場として地子《じし》免除がなかったことから、問屋の役人宅において継ぎ立ての業務がおこなわれた。年寄は、柏原宿の場合、村方の年寄と大差なく、宿場では村役人である庄屋が宿場運営についても統括し、そのもとで宿方は問屋が差配をしていた。問屋のもとで業務を補佐したのが年寄である。宿運営にかかわる者たちのなかで馬方夫役之者とあるが、これは宿場によっては馬持と馬士と歩行人夫とが分かれていない場合もあったが、当宿の場合は明確に区別されていた。

宿の運営は、柏原村の庄屋が宿全体の統括者という立場をとっており、年寄役についても「柏原宿諸色明細帳」では、「柏原年寄之儀ハ、当御代以来銘々家筋目之者共寄合相務め来り申し候、尤庄屋代リ申し候節ハ、右年寄分之内ニて後役相勤め申候」とあり、一般の村方年寄と同様である。

表8　柏原宿の人馬賃銭　正徳元年（1711）

	今須～柏原	柏原～醒井
荷物一駄	42 文	61 文
乗掛荷人共	42 文	61 文
軽尻馬一疋	29 文	40 文
人足一人	20 文	31 文

一方、宿財政についても宿場町設置当初から厳しい状況にあった。伝馬制によって、人馬継立を担った宿場で、無賃および御定賃銭といった低廉な継ぎ立てが宿場財政を圧迫していた。比較的早い時期のものであるが、寛永十三年（一六三六）に銭六〇貫文、同二十年に米六〇〇俵、明暦二年（一六五六）四月に銭五〇〇貫文、同年十一月に銭五〇〇貫文、寛文元年（一六六一）に金一五〇両、同九年に金一〇〇両、延宝二年（一六七四）に金一〇〇両、同二年に三五〇貫文、同四年に金七〇両と米一〇〇俵、そして延宝九年には金二〇〇両を拝借金米として請け取っている。これは、宿場の人馬継立が公用の継ぎ立てを前提としたもので、人馬継立には無賃と有償のものがあったが、宿場としては無賃と低廉な御定《おさだめ》賃銭による継ぎ立てを業務にしており、問屋は相対賃銭による駄賃稼ぎは取り扱わなかったため、その稼ぎを宿財政に繰り入れることがなかったこ

とから、宿財政は厳しいものであった。宿場では、請け取った拝借金米をそのまま借財に充てるのではなく、一割の利足で他所へ貸し付け、その利足を宿場の助成にまわして運用していた。

こうした厳しい財政状況のもとで、宿場の伝馬負担から逃れて駄賃稼ぎに走るものも出てきた。正徳三年（一七一三）に宿内の馬持ちである源三郎、太郎右衛門それぞれ親子四人は、役馬をはなれ駄賃稼ぎをしたため、本人手鎖のうえ村預けになっている。宿内の馬持ちは農耕に馬を使用するのは問題ないが、駄賃稼ぎなどに用いた場合は厳しく処罰された。このように、伝馬制度によって宿継ぎの人馬の確保など、現実的には困難な状況をはらみながら、助郷《すけごう》制度へと展開していく。

当宿の助郷は、天和三年（一六八三）に助馬制が設けられ、長久寺・岩ヶ谷・大野木・池下・上夫《かみぶ》馬《ま》・万願寺の八カ村が定《じょう》助郷に、村居田など八カ村が大助郷に指定されている。その後、元禄七年（一六九四）に至って助郷の改編がおこなわれ、長久寺・岩カ谷・大野木・万願寺・清滝・須川・大清水・村木・杉之沢・長岡・高番・池下・弥高・上野・西山・本庄の一六カ村が大助郷となっている。

柏原宿周辺の村々でも、助郷に加えてさまざまな負担が強いられていた。街道の維持管理に関しては、「掃除丁場」が課せられ、文政六年（一八二三）の「中山道柏原宿掃除丁場請書」によれば、宿内七八〇間とともに街道筋一五六〇間分が大久保村ほか二〇カ村に割り当てられている。この掃除丁場は、公用通行に際して、長さ一〇間に三、四人が街道の維持整備に従事するというものである。

このほか、街道筋に架かる橋の維持などもあった。宿内には本陣の西側を流れる市場川とさらに西方を流れる中井川があり、これらはいずれも寛文六年（一六六六）、市岡理右衛門代官のときに願い出て、修理などが幕府の管轄でおこなわれる公儀橋であった。両川に架かる橋はいずれもが板橋であった。

また、並木の手入れなども宿や街道筋の村々の負担であった。幕府道中奉行も並木の保護に関する触書をたびたび出し、細心の注意を促していたのである。ここ柏原宿付近では、正徳元年（一七一一）に長久寺村の庄屋清左衛門が高さ五・六尺、土際で五、六寸廻りの並木を一六〇一本植え、その請負銀四貫七二二匁を請け取っている。さらに宝暦七年（一七五七）にも柏原宿東西分の並木五六四本を植えた記録がみえている。

現在の柏原宿は、宿場当時の面影を今に伝える古い建物も見られる。そのなかでも、歌川広重の浮世絵にも紹介された、かつての柏原名物・伊吹もぐさを売る「亀屋佐京」は、当時の店先をそのままに残している。そのほか、宿内のところどころに古い建物が点在するが、その多くは空き家となっている。また、大正九年に建てられたという旧松浦邸を、平成十年に当時の山東町《さんとう》（現米原《まいはら》市）が購入し、宿内の拠点施設・柏原宿歴史館として活用を図っている。このほか、宿内の家々には屋号を記した板札が掲げられるなど、地域の人々の関心は高い。柏原宿歴史館も現在は柏原区の人々の手によって運営されており、柏原宿に今も伝えられている膨大な数の問屋資料も地域の人々の手によって整理、解読がすすめられている。

三水四石の名所・醒井宿［米原市］

醒井宿《さめがい》は古くから東山道の宿駅として機能していた。『実暁記』によると、京都と鎌倉を結ぶ道筋にあった六十三駅のひとつに「佐目加井」の名がみえている。さらに、この地の居醒清水《いさめのしみず》が日本武尊《やまとたけるのみこと》にゆかりのあることから、『東関紀行』や『十六夜日記《いざよいにっき》』などにもこの地が取り上げられている。また、文和二年（一三五三）七月、足利義詮《よしあきら》は上洛の途中「佐馬替」を通ったとあり、永享四年（一四三二）九月二十七日、将軍足利義教《よしのり》が関東公方足利持氏《もちうじ》を威圧するため、駿河へ下る途中に醒井で宿泊した記事が紀行文にみえている。

近世になり、慶長七年（一六〇二）徳川家康の中山道整備と同時に、醒井宿も制定されたと考えられる。醒井宿の設けられた醒井村は、享保九年（一八〇四）までは幕府領、同年に大和郡山藩領の支配となったが、宿そのものは幕府道中奉行の管轄下にあった。

宿場として地子免許はなく、宿内の往還道幅は二間半から五間半で、宿場の長さは東の見付から西の見付まで八町二間であった。宿の東入り口は直角に二回曲がっており、そこからはほぼ直線にまちなみが続く。

天保十四年（一八四三）の『中山道宿村大概帳』によれば、家数は一三八軒、人口は五三九人。家数は、これより少し前の享和元年（一八〇一）には一八七軒あり、人口も享保九年に九一三人であったが、天保期（一八三〇～四四）にいたって減少している。享和四年（一八〇四）の絵図に「明屋敷」の記載が多くみられることでも明らかであるが、減少の原因については不明である。

宿の中ほど、中町に本陣、脇本陣がそれぞれ一軒ずつあった。本陣は松井新助家で、建坪一七八坪、玄関と門構えが設えてあった。脇本陣は、天保十四年の『中山道宿村大概帳』では中町に一軒とあるが、時期によって二軒のときもあり、享和元年の明細帳では勘右衛門と厚内の二軒の名前があがっている。

問屋は享和元年に中町に六カ所、新町に一カ所、計七カ所あったことが明細帳に記されているが、それより前には一〇軒を数えたときもある。現在、醒井宿には、そのうちの一軒、川口家が近年まで住居として使用されていたが、保存修理工事によって創建当初の建物に復されている。建物は十七世紀中ごろから後期にかけての建物と推測されている。

旅籠屋は、享和元年に二四軒であったが、これも減少し天保十四年には一一軒となっている。大名などの通行に際しては、二四軒では不足するため、宿内一統

醒井宿のまちなみ

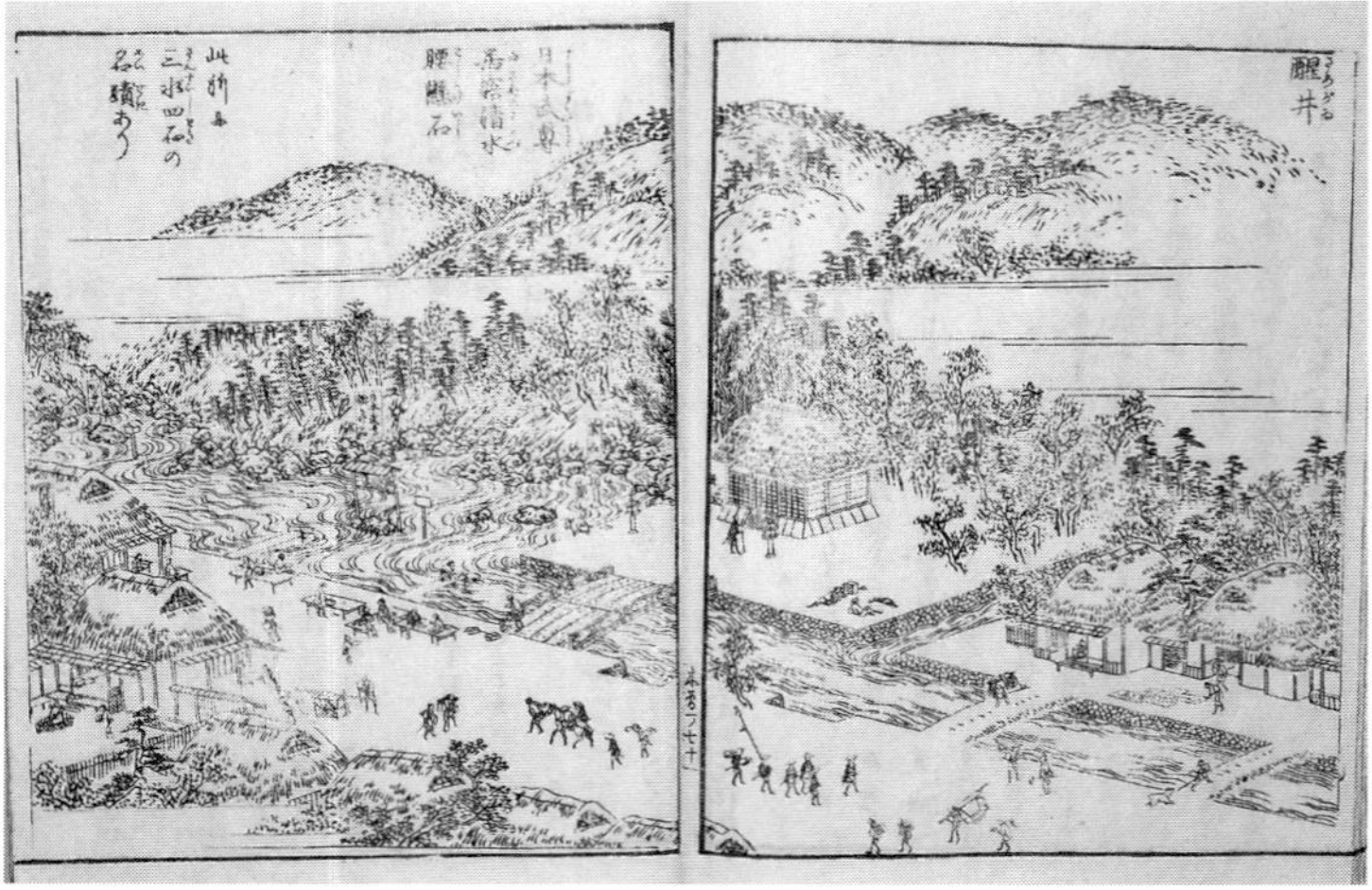

「木曽路名所図会」醒井

が宿を勤めた。宿内の施設としては、このほか高札場が西町に南寄りにあり、一〇枚の高札が掲げられていた。

宿の運営を掌《つかさど》る宿役人は、問屋二人、問屋兼年寄五人、年寄二人、馬指二人、人足指二人で、五日または一〇日交替でおこなっていた。また役所の休日は、文政十二年（一八二九）には、毎月二日、四日、七日、十日、十三日、十九日、二十三日、二十六日の六日間であった。醒井宿の問屋役人は、時期をさかのぼると寛文年間（一六六一～七三）に一二人いたとされ、他の宿に比べて問屋の数が多い。すなわち、ここでいう問屋役は、一般の宿場でいう公的人馬の継ぎ立てを掌る問屋とは少し性格が異なり、人数が多い場合には商人荷物を取りあつかうものであったと考えられている。

醒井宿では、この問屋役と宿場の運営に携わる宿役人とが区別されていた。元禄五年(一六九二)、醒井宿小百姓から出された訴状に、問屋役の人数が減ったため、小百姓たちが問屋の収入となっている庭銭《にわせん》の一部を宿方へ支払うように要求したことが記されている(滋賀大学経済学部附属史料館所蔵醒井区有文書)。また、元文二年(一七三七)には、往還御用の諸帳面など、帳付けをする費用を問屋が負担していたが、通行量の増加によって問屋の負担が増え、宿方でその費用を負担してほしいと願っている。この二点の資料によっても、問屋役と宿方が存在したことが確認できる。しかも、この問屋役人に対して、宿方明細帳などに、その給米の記載が見あたらない。

この問屋役に対して、宿場の公的な運営を掌る役職として庄屋がいた。一般には、地方に関する業務が庄屋、宿場にかかわるものについては問屋、といった形であったが、醒井宿の場合は明確に区別されていたわけではなく、往還入用の勘定や宿場の助成金請け取りや配分、そして公用人馬の継ぎ立ての差配を庄屋がおこなっている。

このほか宿場の運営に携わる人々には、常番盤時打役二人、夫役二名、助郷触役二人、諸大名方遠見役二人などの役職がみえている。

醒井宿には五三九人の人々が暮らしていたが、多くは宿場の任務であった公用の伝馬役を勤めたり、旅人に宿を提供する旅籠を営みながら、日常は農業に従事したり、一部は往還稼ぎなどに携わっていた。享保九年(一七二四)の明細帳に見える職商は、医師二人、針師一人、家大工三人、木挽三人、桶大工二人、紺屋四人、指物屋一人、檜物屋一人、畳指一人、塗屋一人、酒造屋五人、そして商人では大豆米売九人、銭屋二人、菓子屋一人、古かね屋一人、豆腐屋五人、味噌塩屋二人、木薬屋二人、他国への小間物商売一人の二三人である。これに旅籠屋渡世二〇人程度を加えても、宿人口の半数にも満たず、大半が農業であったことがうかがえる。そして、宿の人々は、一軒につき年に五匁から六匁を家並み諸入用として支払っていた。また、宿内の上水道は、東方の二割程度が堀井戸、西方の八割程度が醒井水流によっていた。

醒井宿において元禄三年（一六九〇）「江州醒井宿御伝馬役人足役家数之覚」（滋賀大学附属経済学部史料館所蔵醒井区有文書）には御定伝馬、人足ともに五〇疋・五〇人と記されているが、同じ年の柏原宿では醒井宿と申し合わせて、両宿とも宿馬二五疋として、柏原、醒井両宿合わせて五〇疋の御定人馬の御用を勤めたとある。ただ、正徳二年（一七一二）の「醒井宿明細帳」（米原市所蔵江龍文書）では、五〇人・五〇疋と記されており、公的な資料については中山道の規定どおりと記すものの、実態としてはやはり二五人・二五疋で、領主である大和郡山藩も認識しているところであった。

ところが、延享三年（一七四六）十一月、中山道の守山、武佐《むさ》、醒井の三宿問屋が、京都町奉行所の問合せに「中山道筋前々より宿役一統ニ弐拾五人弐拾五疋」で勤めてきたとある。これに対して道中奉行からは、心得違いであるという指摘をうけているが、実際のところ三〇疋以上を維持して行くことは困難で、不足の分については雇馬によって対応する旨を述べている。これを契機に助郷との間で確執が強まり、宝暦八年（一七五九）に柏原宿や、美濃の今須、関ヶ原、垂井宿などでも助郷と人馬負担をめぐって相論が起こっている。醒井宿では、柏原宿とともに二五人・二五疋を主張し、江戸まで出かけて争われたが、結局は宿側の主張は認められなかった。天明八年（一七八八）にも同様の相論が起こり、五〇人・五〇疋を原則とし、上り方二五人・二五疋、下り方二五人・二五疋の片道二五人・二五疋で落着している。天保年間（一八三〇〜四四）の宿方明細帳でも同様の記載があるが、『中山道宿村大概帳』ではあくまで五〇人・五〇疋、うち囲人馬五人・五疋とあり、上り下りにかかわらず、一日の負担すべき人馬数を五〇人・五〇疋としている。

さて、この人馬継立にかかる賃銭であるが、『中山道宿村大概帳』に記された醒井宿の賃銭は表9のとおりである。この正徳元年（一七一一）の賃銭が基準となり、その後は、年限を切って割増しをおこなっている。安永三年（一七七四）には、宿場の困窮を理由に中山道筋で二割増が認められ、醒井宿でも本馬が七三文に、軽尻が四八文となっている。この二割増の賃銭は折半となり一割は宿方のものとなったが、一割は領主へ上納された。

醒井宿では、たびたびの水害や大雪のため宿役が勤めがたく、しばしば割増が認められている。特に、天保七年（一八三六）からは天保一一年までの五年間、それまでの一割五分増に加えて、さらに三割増、合計で四割五分増が認められている。ほぼ、従来の一・五倍ということである。この割増は、年限が切られていたにもかかわらず、期限切れが近づくと再三延長を願い出て、嘉永四年（一八五一）にも延長を願い出ている。この四割五分のうち、天保七年以前からの一割五分は七分五厘を勤人馬に渡し、残り七分五厘は宿駅助成に充てられた。新たに割り増した三割分については、一割二分が助郷へ、残りが宿助成に使われた。表9の正徳の元賃銭に四割五分増の賃銭も加えている。さらに、ひどいのは天保七年から四割五分の期限明けの慶応二年を待たず、文久二年(一八六二)三月からは一年間、四割四分増に加え三割増、そしてその期限が切れた慶応三年(一八六七)三月には一年間、四割五分増、三割増に加えて二割増で、九割五分増となった。これが四年間の延長となって、慶応四年まで続く。こうした賃銭の割増によって宿助成など打開策を模索したが、慶応三年十一月には、元賃銭の五割増で六倍という賃銭になっていったのである。

表9　醒井宿の人馬賃銭　正徳元年(1711)

	柏原～醒井	柏原～醒井
荷物一駄	61 文	42 文
乗掛荷人共	61 文	42 文
軽尻馬一疋	40 文	29 文
人足一人	31 文	20 文

さて、醒井宿の財政について少しみておこう。宿の収入として主なものは、貸付金利金、大規模通行などに際しての助成金などである。一方の支出は、問屋場における諸経費、伝馬役給米、使役馬の取り替え費用、刎銭《はねせん》、問屋場で働く馬指・人足指など下役の給金であった。当宿の文政六年(一八二三)の収入は金一四〇両〇二、銭〇・二一九貫、支出が金一三〇両三二、銭〇・八七七貫である。また、天保二年(一八三一)は、収入が金九六両三、銭一二六八貫、米一二七・二俵、支出が金二六五両二二、銭四五六一貫、米一二〇俵であった。両年とも明らかに支出が収入の二倍近くも上回っている。宿場では厳しい財政状況での運営を強いられていたが、醒井宿の場合、この収入の不足分は、宿場の住民が高割や家割によって負担していた。

醒井宿は、街道に沿って伝統的な建物が連続して残っているが、すべてが宿場当時のものではない。江戸時代の宿場の一段面を今に残しているのではなく、宿場当時から、明治、大正、昭和、そして現在に至る生きた醒井宿を今日見ることができる。近江の他の宿場町にくらべて空地なども少なく、比較的連続したまちなみを構成している。かつての問屋場が修理されて一般に公開されているが、問屋場の実際を見ることができるのは珍しい。また、街道に沿って地蔵川が流れ、湧水に潤された宿場でもあり、夏の梅花藻《ばいかも》の咲く季節には多くの人が訪れる。この清流は、「居醒清水」といって、古事記や日本書紀にも登場する名水で、日本武尊が伊吹山の荒神退治にでかけたときに牛のように大きな白猪に化けた山の荒神が大雨を降らせたため、日本武尊は正気を失い、山を下りて、この清水で体を冷やすと正気を取り戻したという言い伝えがある。この居醒の清水に加え十王水、西行水が三水で、日本武尊腰掛石、同鞍掛石、蟹石、影向石を四石といい、いずれも現在もみることができる。

まちなみ最短の宿・番場宿〔米原市〕

番場宿は、古代の東山道が通り、鎌倉時代から宿駅として機能していた。『実暁記』によると、京都と鎌倉を結ぶルート上にあった六十三の宿駅のひとつに「番場」の名がみえる。『吾妻鏡』などにも、「番場」の名がみえ、寛元四年（一二四六）七月二十五日条には、源義経が帰洛の途次「馬場」で宿泊したとある。また、弘安三年（一二八〇）飛鳥井雅有《あすかいまさあり》が「ばんばの宿」に休

番場宿のまちなみ

泊するなどの記録もあり、早くから宿駅として位置づけられていた。

近江八幡市の寛永寺に伝わる旧正福寺の鐘銘に「箕浦御庄馬場宿」とみえ、蓮華寺にも弘安七年（一二八四）十月十七日の日付で同様の鐘銘がある。

元弘三年（一三三三）、京都から逃れた北条中時の一行は、京極導誉《どうよ》率いる軍勢に退路を絶たれ、当地で自害するが、同年四月の記事に京極導誉が足利尊氏の先陣役を勤めるため「番場宿」で会見した。『太平記』にも「番場、醒井、柏原」の名前がみえる。その後も、天正十二年（一五八二）には、徳川家康が安土城へ参向した際に、ここ番場で宿泊したことが『信長公記』にみえている。番場の名は、古く摺針峠《すりはり》（彦根市）に関を立てたときに、関を守らせた番兵が居住したことからついたとされ（『淡海《おうみ》木《こ》間攫《まざらえ》』巻七）、「中山道街道筋絵図」（滋賀大学経済学部附属史料館所蔵高橋家文書）でも、摺針峠を越えたところに「元番場」「番場宿」の記載がみえる。

慶長年間（一五九六～一六一五）に北村源十郎が米原《まいはら》に湊を築き、湊と中山道を結ぶ新道を開設。そ

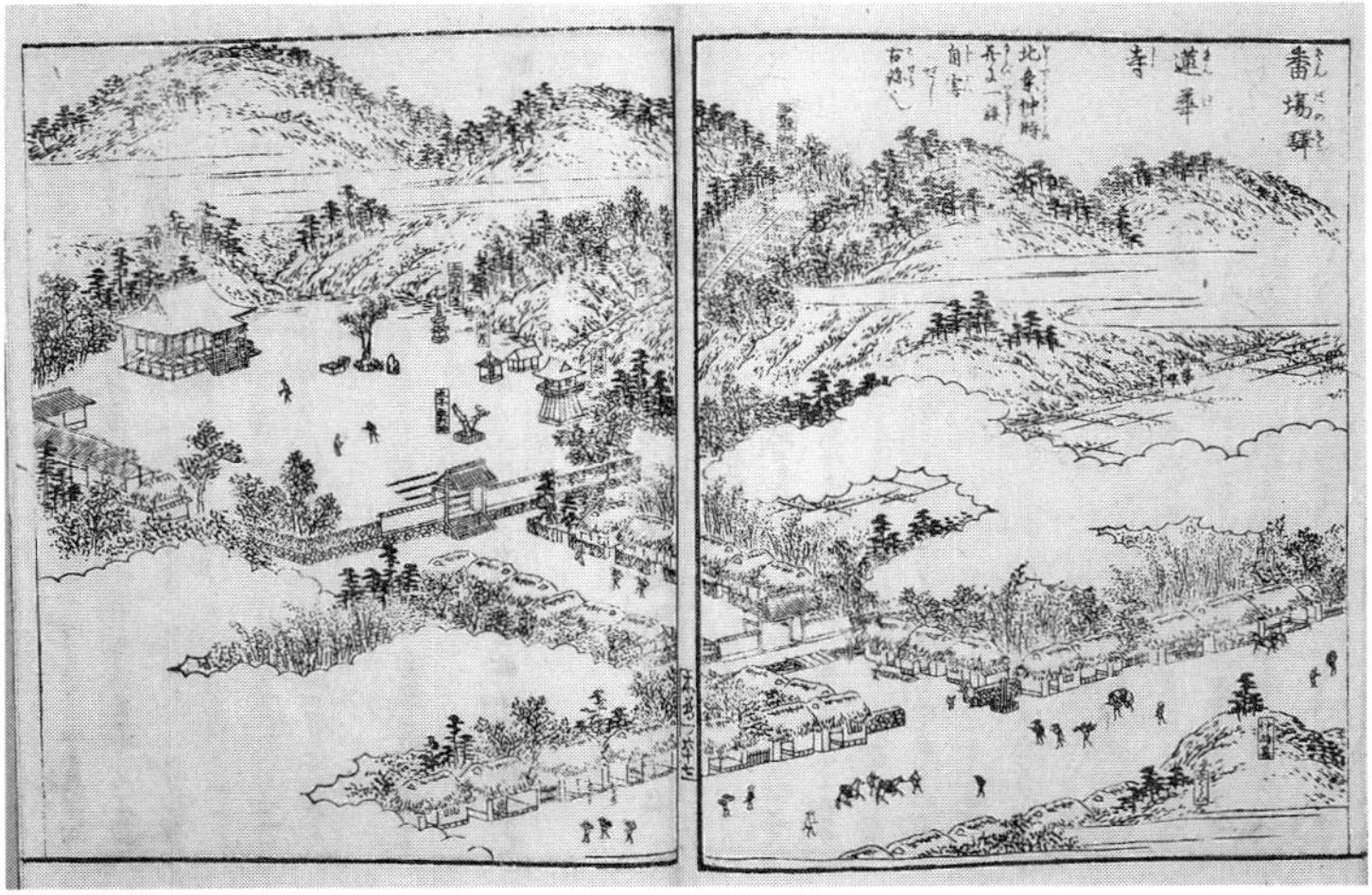

「木曽路名所図会」番場駅

して、その合流点に中世の番場宿（上番場）から移転させ、設けたのが江戸時代の宿場（下番場）である。番場宿は『木曽路名所図会』に「此の宿は山家なれば、農家あるは樵夫《きこり》ありて旅舎も麤《そ》なり」と記されている。宿場のまちなみは、わずかに一町一〇間と、中山道筋の宿場の中では最短である。

天保十四年（一八四三）の『中山道宿村大概帳』によれば、上番場、下番場をあわせて、宿内の人口は八〇八人で、家数一七八軒、本陣は仲町に一軒、脇本陣が同じく中町に一軒あった。旅籠屋は一〇軒で、人馬継問屋場が仲町に四カ所、東町に二カ所、計六カ所あった。

本陣は、市川長右衛門家が勤め、建坪一五六坪で、表門、玄関を設える建物、脇本陣は北村家が勤め、八四坪であった。

番場宿の宿役人は、問屋・年寄兼帯六人、帳

表10　番場宿の人馬賃銭　正徳元年（1711）

	柏原～醒井	番場～鳥居本
荷物一駄	42文	47文
乗掛荷人共	42文	47文
軽尻馬一疋	29文	30文
人足一人	20文	24文

付二人、馬指二人、人足指二人、庄屋二人、横目二人で、庄屋、横目は宿運営にかかわらず、地方の仕事を担当していた。

宿人馬は規定では、五〇人・五〇疋であったが、彦根藩の配慮によって、元禄八年（一六九五）からその一部を助郷が負担することとなり、番場宿が負担する人馬は五〇人・五〇疋のうち二分の一でよかった。人馬継立の賃銭は表10のとおりである・宝暦九年（一七五九）近隣の今須、関ヶ原、垂井の宿場で、宿と助郷の間で人馬負担の割合が相論になった際、この番場宿の事例をあげて、宿人馬の二五人・二五疋を願っている。これより少し前の延享三年（一七四六）には中山道筋醒井、武佐、守山の三カ宿問屋が五〇人・五〇疋の勤めでは宿場の存続が困難であることを訴え、宿人馬の減勤に対して理解を求めているが、このとき彦根藩領のもとにあった番場、鳥居本、高宮、愛知川《えちがわ》の各宿は加わっていない。おそらく、彦根藩の宿場については、藩の格別な措置が講じられていたのである。

宿立人馬を補完したのは助郷であるが、元禄七年（一六九四）には幕府から大助郷二一カ村、助郷高一万二三九六石が指定され、その村々は彦根藩領の西坂村、久礼《くれ》村、門根村など宿近郊の村々であり、北国《ほっこく》街道の宿駅であった米原村の名も見えている。さらに、この翌元禄八年には、二一カ村の大助郷に加えて、三七カ村の加助郷が指定されている。これらの助郷に指定された村々によって、番場宿の宿立人馬二五人・二五疋を遣い払ったのちの、人馬負担はまかなわれていた。番場宿の助

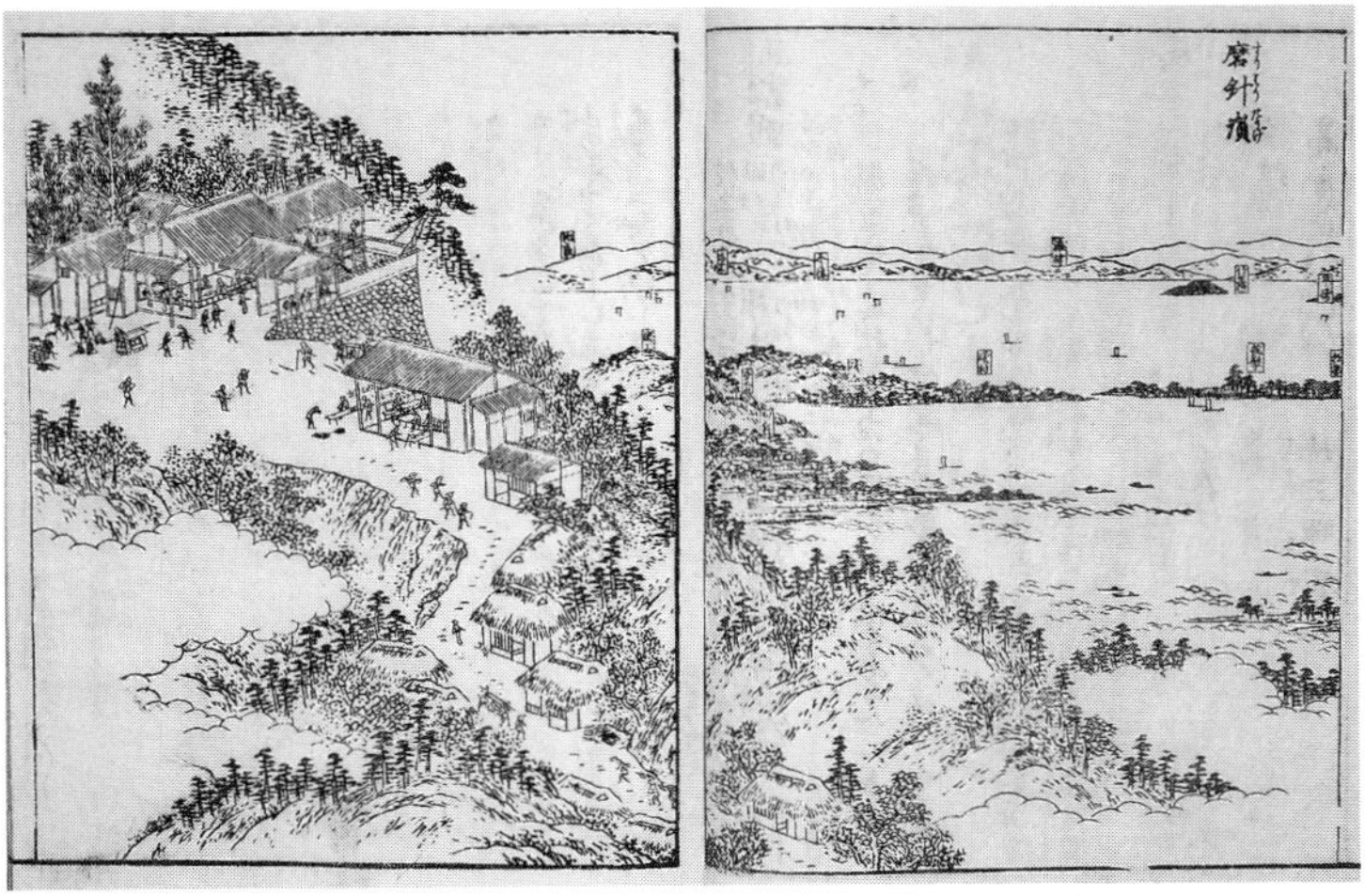

「木曽路名所図会」磨針峠

郷五八カ村（途中で唯一彦根藩領以外で番場宿助郷として指定されていた能登瀬村が外され、醒井宿の助郷となるので五七カ村）は、幕府指定の定助郷が親郷となって一〜四カ村で一五の村組に分かれていた。

　幕末に至って、通行量の増大などにより、継立人馬の不足が常態化し、従来の助郷に加え、慶応四年（一八六八）には、坂田郡四六カ村、浅《あざ》井《い》郡一四カ村、愛知《えち》郡で一八カ村、神崎《かんざき》郡一六カ村、蒲生《がもう》郡一一カ村という広範囲の計一〇五カ村が附属の助郷として指定されていた。

　宿内には、『木曽路名所図会』にも絵入りで紹介されている蓮華寺がある。寺伝によれば、聖徳太子の建立で、もと法隆寺と称していたが、一向上人が土地の豪族土肥元頼の帰依を受けて再興し、蓮華寺と改称したと伝えられている。北条仲時以下四三二人の過去帳があり、この六波羅南北過去帳と銅鐘は国の重要文化財に指定されている。

今は宿場の横を現在の東海道、名神高速道路が走り、まさに新旧の街道の対比のようである。宿内にはかつての宿場であることを示す石碑などが建てられている。JR米原駅からは離れ、かつての中山道のような往来はなく、宿場内の家々も大分建て変わっているが、名神高速道路などからみると家並みが続き、山あいの宿場としての雰囲気は残している。

彦根道・北国街道分岐の宿場・鳥居本宿 〔彦根市〕

番場宿から摺針峠を越え、米原からの北国街道と合流すると、鳥居本宿である。

地名の由来は、現在の赤玉神教丸本舗《あかだましんきょうがん》付近に大きな鳥居があったことからついたとされるが、この鳥居がいずれの神社のものであったかは定かでない。

鳥居本宿の成立は、中山道整備の当初からではない。

古く、古代の東山道のころは、現在の鳥居本宿より少し南にあった小野に宿駅がおかれていた。小野は源平の争乱のころには、その名が見え、源頼朝の父源義朝が平治の乱で平氏に敗れて敗走する途中、小野宿を通ったことが『平治物語』にみえている。鎌倉中期には西大寺を再興した叡尊《えいそん》や『十六夜日記』の作者・阿仏尼《あぶつに》もこの小野宿で宿泊したことがうかがえる。

この鳥居本に宿場が移ったのは、関ヶ原合戦の後に敵将石田三成の佐和山城を拝領した井伊家が、湖岸近くに新たに城を築くことになり、その城下と中山道を結ぶ道筋の整備もあわせておこなわれたためである。

鳥居本宿の専宗寺に残る「由緒書」では、寛永年中（一六二四～四四）に鳥居本へ宿場が移ったとされているが（『彦根市史』）、本陣家の系図や問屋役人の記録などから慶長八年（一六〇三）に彦根の地割をするために江戸から派遣された奉行嶋角左衛門が、小野宿で本陣を勤める庄兵衛に対し、鳥居本に宿を移すように命じたという記述が確認されている。前年の慶長七年、幕府の命によって奈良屋市右衛門、樽屋三四郎が中山道の宿場に対して駄賃を定めた際には、小野町が伝馬の継所であり、翌年に鳥居本へと移されたのである。

一方の鳥居本宿の成立が寛永年中とする理由は、鳥居本宿の構成が鳥居本村および上矢倉村、西法寺村、百々《どど》村からなっており、この四カ村に家並みが続くようになったことをもって宿場の成立としている。

近世の中山道の整備が慶長七年であることからして、当宿も慶長八年に小野町から移転して伝馬制が布かれたと考えるのが妥当であり、寛永年中については、むしろ参勤交代制度の確立によって、宿場のまちなみの拡充整備が図られた時期ではないかと考えられる。

彦根城下の整備とのかかわりで当宿の整備がおこなわれたのは、宿場の南で分岐する彦根道（朝鮮人街道）が佐和山の切通しを抜けて彦根城下との結びつきも容易であったことなど、地理的な条件も左右したと考えられる。

天保十四年（一八四三）の『中山道宿村大概帳』では、宿場の長さは一〇町で、北隣の上矢倉村、南に続く西法寺村、百々村の加宿をあわせると一三町である。加宿を含めた人口は一四四八人、家数は二九三軒を数えた。宿内に本陣一軒、脇本陣二軒があり、旅籠屋は三五軒。問屋は一カ所あり、その前に高札場が設けられていた。

寺村本陣跡

本陣は代々寺村家が勤めた。同家の系図によると佐々木氏の一族で、蒲生郡寺村に所領があったことから寺村姓を名乗ったとされる。観音寺城主の六角氏の配下にあったが、六角氏の滅亡後は寺村行隆、規行父子が坂田郡小野村に移り住み、本陣を勤めていた。関ケ原合戦で佐和山城が攻められた時には、小野宿も焼き払われ、慶長八年（一六〇三）江戸からやってきた家康配下の役人嶋角左衛門から、小野宿にかわって鳥居本において本陣を勤めるよう命じられたという。規行は病身のため、武士を捨てて本陣職を勤めていたが、二人の兄弟は長浜城主であった山内一豊に仕えている。江戸期を通じて、鳥居本宿で代々本陣職を勤めたが、規行から数えて十代目義貴の代で明治維新を迎え、本陣職も廃止された。

寺村本陣では、文政十二年（一八二九）から天保十二年（一八四一）までの一三年間に一六一回の休泊利用があり、その休泊者数は三五九四人を数えた。一年間の利用は一二回で、主に安芸《あき》広島藩、筑前久留米藩、紀伊和歌山藩、阿波徳島藩、出雲松江藩、長門萩藩、美作《みまさか》津山藩、伊予松山藩などの定期的な利用がみられた。このほか、幕末の皇女和宮《かずのみや》や守山宿を出て野洲《やす》川を渡って朝鮮人街道を通ってきた朝鮮通信使の一行も、この鳥居本宿の南、百々村で中山道に戻ったため、当宿を通っていった。

本陣の経営も幕末を迎えると厳しい状況にあり、嘉永三年（一八五〇）本陣の寺村周助は彦根藩に対して米二〇〇俵の貸し下げを願っている。また大名の参勤交代も緩和され、大名の通行も減って、旧来のような大名家や公家、門跡等のみの休泊に頼っていては経営が立ち行かなくなり、「旅人宿」、すなわち一般の旅籠としての営業を願い、何とか継続してきた。近年はことに庶民の通行も減り、月にわずかに五、六人程度の宿泊客がある程度では、到底成り立たない状況に至っていた。

こうした状況に呼応して嘉永四年（一八五一）設置されたのが中山道組合宿取締役である。中山道筋に八人の取締役が設けられたが、彦根藩領の宿場を担当したのが今須宿（岐阜県関ヶ原町）の伊藤五郎治と守山宿の大道栄蔵であった。彼らは、年に二、三回宿場を巡回し、幕府役人が人馬を過剰に使用していないか、宿駅に常置されている人馬は適正であるか、人馬の継ぎ立てが円滑におこなわれているか、などを見て回った。そして、安政六年（一八五九）正月には、彦根藩領四カ宿取締役が設けられ、高宮宿の問屋次右衛門、愛知川宿の問屋太郎右衛門が、その職に就いている。彦根藩領四カ宿取締役の任務は、組合宿取締役を補佐する役割を担っていた。

本陣の屋敷は、合計二〇一畳の広大な屋敷地であったが、昭和初期にはヴォーリズの設計による洋館に建て替えられた。脇本陣の一軒は、本陣から二軒となりの高橋家と、西側斜め向かいの二軒である。

宿場の人馬継立は一カ所設けられた問屋場で差配していた。

宿を運営する宿役人は、天保十四年(一八四三)には問屋一人で代々岩根家が世襲で勤めていた。このほかの役人は年寄一人、庄屋役五人、横目役四人、組頭役四人、馬指二人、人足肝煎二人、人足指四人で、日々問屋一人、人足指・人足肝煎《きもいり》・人足指がそれぞれ一人ずつ詰めていた。宿役人のエピソードの一つを紹介すると、文久三年(一八六三)、高家《こうけ》が宿泊した際に、宿役人が藩から譴責《けんせき》を受けた事例がある。高家の滞在中に火事があるかもしれないという産土神《うぶすなかみ》のお告げを、問屋らが高家に伝えたことを知った筋奉行が宿役人を咎《とが》めたのである。藩側が通行を把握し、幕府役人に落ち度なく対処することを基本とし、藩の対面を守ろうとする思惑をうかがうことができる。

宿人馬は五〇人・五〇疋で、囲《かこい》人馬は設けられていなかった。ちなみに当宿の人馬継立の賃銭は表11のとおりである。

宿人馬は天保十四年の『中山道宿村大概帳』によれば五〇人・五〇疋の記載があるが、番場宿でも触れたように彦根藩の配慮によって、実際は二五人・二五疋の負担にとどまっていた。その残り

表11　鳥居本宿の人馬賃銭　正徳元年（1711）

	番場～鳥居本	鳥居本～彦根	鳥居本～米原	鳥居本～高宮
荷物一駄	47 文	47 文	36 文	62 文
乗掛荷人共	47 文	47 文	36 文	62 文
軽尻馬一疋	30 文	30 文	24 文	42 文
人足一人	24 文	24 文	18 文	31 文

表12　元禄7年（1694）鳥居本宿大助郷
『彦根市史』第７巻所収「鳥居本宿助郷控帳」（岩根順子氏所蔵文書）より

郡	村名	高（石）
坂田郡	小野村	510
	原村	312
	古西法寺村	211
	西山村	119
	梅ヶ原村	458
	甲田村	381
	中山村	322
	馬場村	386
	庄厳寺村	196
	物生山村	302
	善谷村	186
	下矢倉村	98
	仏生寺村	175
	笹尾村	218
犬上郡	沢町村	946
	正法寺村	577
	平田村	1,637
	後谷村	52
	地蔵村	188
	里根村	104
	野田山村	492
	安清村	606
	大堀村	659
	後三条村	755
	東沼波村	998
	西沼波村	363
	大橋村	202
	水谷村	130
	中藪村	860
	計	12,443

半数の人馬を補ったのが助郷である。幕府は、元禄七年（一六九四）に鳥居本宿の定助郷として二九カ村を定めた。その二年後には加助郷として彦根藩が二六カ村を追加指定している。助郷は、定助郷のうちの一四カ村を親郷とし、この親郷のもと一～四カ村が集まって助郷を負担していた。その助郷を整理したのが表12である。

さて、この鳥居本宿には名物が二つあった。一つは神教丸という丸薬で、腹痛に効くといわれて赤玉といわれていた。上矢倉村の有川市郎兵衛が製し、街道筋で店を構えて販売していた。あまりにもよく売れたために神命丸や仙教丸などと称する紛いものも登場した（『江左三郡録』）。もう一つは合羽で、享保五年（一七二〇）、この地で馬場弥五郎がはじめて製したといわれている。この合羽は大田南畝の『壬戌紀行』に「この駅にまた雨つつみの合羽

鳥居本宿赤玉神教丸

鳥居本宿合羽所

をひさぐ家多し。油紙合羽をたたみたる形つくりて合羽所と書しあり。江戸にて合羽屋といへるものの看板の形なり」と記している。特に中山道を東へと向かう旅人は、美濃、木曽と山中の旅路に携行する合羽を求めて旅立っていった。

現在も宿場の北側、上矢倉村には『木曽路名所図会』にも紹介された赤玉神教丸を売る店が残っている。ちょうど中山道が大きく曲がるところである。また、その南、本陣寺村家のあたりにはわずかであるが古い家並みがのこり、当時の面影を伝えている。本陣の建物は、先に触れたようにヴォーリズの洋館建築に変わっているが、その反対側には、赤玉神教丸とともに宿場の名物であった鳥居本合羽の「合羽所　木綿屋」の看板を吊るす旧家が残る。

多賀大社の門前の宿場・高宮宿［彦根市］

鳥居本宿から一里半、多賀大社の門前の宿場としてにぎわいをみせたのが高宮宿である。

高宮の地は古くから開け、古代犬上郡十郷のひとつとされる高宮郷で、中世には高宮保・高宮庄といった庄園が成立、東山道筋には市も立っていたといわれる。当時、この高宮を領したのは高宮氏で、地頭として入部した紀伊櫟《いちい》氏の流れと、将軍足利義持から当地を与えられ入部した六角氏頼の流れをくむ二つの系譜があった。前者を北殿、後者を南殿といい、北殿は次第に弱体化し、南殿が台頭。この南殿の高宮氏が居城としたのが高宮城であるが、浅井氏の支配下にあったため、天正元年（一五七三）に織田信長の小谷城総攻撃を受け、高宮城に戻ったのちに一族が離散してしまった。

宿駅として高宮の名がみえるのは、天文十三年（一五四四）の宗牧の『東国紀行』である。また、天正元年（一五七三）の「美濃路紀行」や元亀二年（一五七一）の『言継卿記』などにも、高宮で宿泊した記事がみえている。

そして、江戸時代に入り、慶長七年（一六〇二）の中山道整備に際して宿駅が設置された。同年六月二日、伊奈忠次、板倉勝重、加藤正次、大久保長安の連署で、高宮宿に対して駄賃定書を下

多賀大社一の鳥居

している。内容は、荷物一駄が三二貫目、駄賃四〇貫目と定め、駄賃値は奈良屋市右衛門、樽屋三四郎は申し付け、追って定める、といったものである。翌七月十七日には、奈良屋市右衛門、樽屋三四郎連署状が高宮町中へ下されているが、この資料からは、隣の継ぎ立てが小野町であったことがうかがえ、鳥居本宿が登場するのはもう少し後のことである。

寛文五年（一六六五）の幕府への報告によると、宿高二九二三石、町の長さは七町一六間、家数四九八軒である。天保十四年（一八四三）の『中山道宿村大概帳』では、町の長さ七町一六間で、寛

「木曽路名所図会」高宮駅

文五年と同じで、人口は三五六〇人、家数は八三五軒を数える。人口、家数では中山道筋で本庄宿（埼玉県本庄市）に次ぐ二番目の大きな宿場であった。本陣は宿内上の方に一軒、脇本陣は高札場脇と上の方に一軒ずつあった。宿場の中央で多賀大社への参道を分岐し、街道に面して滋賀県指定文化財に指定されている一の鳥居が建つ。鳥居の脇には道標があり、「是より多賀みち三十丁」と刻まれている。

本陣は小林家が勤め、街道の西側にあった。間口が一五間四尺、奥行きが二八間で、街道に面して表門があり、休泊部と住居部に分かれていた。

脇本陣は問屋を兼ねた塩谷家が代々勤め、間口七軒半、奥行き一八間で、表門の脇には高札場があった。塩谷家の代替わりにあっては彦根藩の評定所で法令の遵守や伝馬の円滑な履行、各種通行への適切な対応などが申し渡された。中でも注目

高宮宿本陣跡

されるのが、旅籠の適正な営業に対しても問屋に管理が任されていた。宿場を見回り、火の用心など宿駅全般にわたる日常を取り仕切っていた。

天保年間（一八三〇～四四）の宿の人々の生業は、農民のほか、旅籠屋、茶店、青物、小間物、古着、荒物、菓子、麻、造酒、饅頭《まんじゅう》、餅、醤油、瀬戸物、灯油、藁《わら》、下駄、そば、湯葉などの商売のほか、桶職、指物《さしもの》職、提灯職、表具師、仕立てなどの職人がみられる。また、このあたりの特産品であった高宮布を扱う商売も、旅籠屋についで多かった。

寛文五年（一六六五）十一月、高宮宿の規模とともに、宿役人や宿人馬数などを幕府に報告している。人馬二五人・二五疋を常置し、問屋は権衛門、庄屋四郎右衛門・次兵衛・孫兵衛で、この四人は町中より諸役を引き受けている。ほかに馬指二人、組頭二人、定仕《じょうつかえ》四人で、このほか左近兵衛、太郎右衛門、市郎右衛門、左十郎が年寄役を勤めている。一〇年後の延宝三年（一六七五）には組頭、定使の名が消え、肝煎四人、年行事五人がみえ、馬指三人となっている。天明五年（一七八五）の宿役人は、御本陣年寄名主兼帯一人、問屋脇本陣兼帯一人、脇本陣

表13　高宮宿の人馬賃銭　正徳元年（1711）

	鳥居本～高宮	高宮～彦根	高宮～愛知川
荷物一駄	62 文	52 文	80 文
乗掛荷人共	62 文	52 文	80 文
軽尻馬一疋	42 文	34 文	53 文
人足一人	31 文	26 文	41 文

一人、年寄名主兼帯一人、横目役二人、横目代人足方川役旅人宿帳付一人、水災川役兼帯四人、組頭役四人、刎銭方二人、馬指二人、人足指四人とみえる（『彦根市史』中巻）。さらに、天保年間には問屋横目兼帯一人、年寄四人、横目一人、肝煎四人、帳付刎銭取兼二人、馬指二人、人足指四人で、問屋場には日々、問屋・年寄・帳付・馬指・人足指がそれぞれ一人ずつ交替で詰めていた。宿立人馬は五〇人・五〇疋、囲人馬はなかったが、当宿も彦根藩からの配慮で二五人・二五疋の宿人馬の負担であった。人馬継立の賃銭は表13のとおりである。

寛永十年（一六三三）三月二十七日、幕府は高宮宿に対して伝馬人足、継飛脚御用のため、下され米九石一升九合を下すことを定めている。同十三年には毎年鐚銭《びたせん》六〇貫文が貸し下げられ、特に同二十年の朝鮮通信使の来朝に際しては米六〇〇俵の助成米が下された。さらに寛文九年（一六六九）には、一〇〇両もの金子が、また延宝二年（一六七四）には三五〇貫文の拝借金が下された。このように、たびたびの助成は、高宮宿だけでなく多くの中山道沿道の宿場に幕府が施した措置であり、宿場を維持するためのものであった。

一方で、寛永十九年に幕府は、駄賃や宿賃、荷物一駄の重量の規定などの条目を触れている。高宮宿では、高札として掲げ周知した。その内容は、荷物一駄の重量を四〇貫目にすること、高宮から鳥居本、愛知川までの駄賃や、高札

歌川広重画「木曽海道六拾九次・高宮」

の内容に違反があれば宿全体の責任であることを記している。

彦根藩では、井伊直孝が幕府の統制とともに宿場の統制を進めた。寛永二十一年（一六四四）、参勤大名の通行に際して、駄賃馬に滞りがあってはならないので、近郷から人馬を調達し、幕府が定めた賃銭の遵守、道橋の修繕や川越場の適正な維持などを命じている。たとえば、犬上川の氾濫時に大名の通行があった場合、彦根藩の主導で四八村から「川郷」と称して人を集め、川越人足としたので、川留めはほとんどなかったという。また、一般の旅人の把握にも努め、高宮宿では「旅人泊附帳」を作らせるなど、領内の人の出入りに注意を払っていた（塩谷家文書）。

天明元年（一七八一）には、幕府の重職から遠国《おんごく》奉行、公家、門跡などの通行がある場合には藩に届け出ることを義務付けている。

高宮宿では、元禄七年(一六九四)に幕府が定助郷を一九カ村に命じており、その二年後には彦根藩が加助郷二五カ村を定めている。定助郷のうち葛籠《つづら》町など一〇カ村を親郷とし、これに定助郷、加宿助郷二〜四カ村が付属していた。元禄七年の定助郷決定に際して、高宮宿と助郷にされた村々とで次のような取り決めをしている。それは、人馬の要請に対して、助郷村から当番二人を宿場に詰めさせ、人馬の手配に間違いがないかどうかを確認すること、悪い馬を出したり、遅刻、無作法があったりしてはないように勤めること、助郷として出仕した人馬は問屋に待機し、宿場の中にみだりに入らないこと、旅人とトラブルを起こした場合は、人馬を出した馬が負担することなどである。特に、当番二人を宿場に詰めることは、大名などの通行に先立って宿場へ届く先触《さきぶれ》と賦課《ふか》される助郷の人馬数とに齟齬《そご》がないかを確認することもできた。

江戸時代の後期には、世情の変化にともない東海道をはじめ中山道でも公用通行が著しく増大した。高宮宿では、禁門の変の翌慶応元年(一八六五)四月から九月までの六カ月の間に、幕府御用の通行が三三軒あり、馬五八五疋、人足一〇五五人の使用があった。その通行の内訳は、京都護衛のための通行が九件、大坂加番・大坂御用の旗本派遣が六件、一橋御用が六件であった。

大政奉還後の慶応三年(一八六七)十月、幕府は公家、門跡を除き、無賃で人馬を使用することを禁じている。また、幕府役人の通行時に、宿役人らが多数で出迎える慣習を改めるよう命じている。

元号が明治と改まって、新政府のもと戊辰戦争で兵器や食糧などの運搬を担う街道の重要性を認識し、明治元年(一八六八)四月には助郷の拡大が布達され、輸送体制の強化を図った。翌閏四月には、交通政策を担当する駅逓司《えきていし》が太政官職制のうち会計官のなかに設置され、以降、宿駅・助郷による人馬継ぎ立ての強化が図られた。同年六月には問屋を廃止して、伝馬取締役を新たに設置した。高宮宿では塩谷東五郎と池田与三右衛門、鳥居本宿では岩根嘉右衛門が勤めた。

しかし、この駅逓改革は順調に進まず、政府は明治四年(一八七一)になって会社組織で運送をおこなう陸運会社の設立を指示した。公的機関が担う街道筋の輸送業務を、私的運輸機関に代行させ、交通政策の停滞を打開しようとしたのであった。高宮宿は、鳥居本宿、番場宿とともに陸運会社を設立した。

高宮宿は、多賀大社への一の鳥居があり、『木曽路名所図会』に描かれた光景を思い起させてくれるが、まちなみとしては鳥居の周辺に若干古い家並みを残す程度である。しかし、本陣の遺構として表門のみであるが街道沿いに残っている。また、地域の人々の高宮宿のまちなみに対する関心は強く、さまざまな取り組みがなされている。

愛知川を控えた宿場・愛知川宿 [愛荘町]

高宮宿から犬上川を越え二里、愛知《えち》川を控えた宿場が愛知川宿である。

中世東山道の宿駅のひとつで、永禄元年(一五五八)の『実暁記』には、京都から鎌倉までの宿のひとつに愛智河の名がみえている。また『太平記』巻十四には、建武二年（一三三五）十二月十九日、京都を馬で発った急ぎの引他九郎は、同日愛知川宿に着いたとみえている。翌年正月十二日には京都へ向かう北畠顕家《あきいえ》と奥州、関東軍の一行が、愛知川に到着している。そして、永禄十一年（一五六八）織田信長が六角氏攻めを前に陣を張ったところも、この愛知川宿のあたりだといわれている。なお、応永三十四年（一四二七）の源員定書状案に、愛知川南宿領内五日市の記載があり、中世の愛知川宿は南宿、北宿の二つに分かれていたと考えられる。

その後、慶長三年（一五九八）には浅野長政が愛知川町に掟書を下している。宿場は北から北町、南町と続き、南町には本陣や脇本陣があった。この南町、北町が、中世の南宿、北宿に相当するものかどうかは定かではない。

天保十四年（一八四三）の家数は一九九軒、人口は九二九人で、まちなみは五町三四間。宿の中ほどに本陣が一軒、脇本陣が一軒あった。旅籠数は二八軒を数えた。

本陣は西沢甚左衛門家で、同家は天正十八年（一五九〇）に豊臣秀吉に取り立てられて以来、明治まで代々本陣職を勤めた。脇本陣は中村清次郎で、問屋を兼ねていた。問屋はほかに弥次右衛門、太郎右衛門の名もみえている。

問屋場は宿の中ほどに二カ所設けられ、宿役人は問屋二人、年寄一人、馬指一人、帳付二人、人足指二人がおり、問屋場は二人の問屋宅を充て、年番で勤めた。そして、宿役人は、年寄・馬指・帳付・人足指、それぞれ一人ずつが日々交代で詰めていた。宿場には継飛脚給米として毎年一一

表14　愛知川宿の人馬賃銭　正徳元年（1711）

	高宮～愛知川	愛知川～武佐
荷物一駄	80文	106文
乗掛荷人共	80文	106文
軽尻馬一疋	53文	67文
人足一人	41文	50文

石余りが下されている。宿建人馬は五〇人・五〇疋と記されているが、当宿も番場宿、鳥居本宿、高宮宿とともに彦根藩四カ宿のひとつで、実際は二五人・二五疋が認められていた。残りは助郷によって負担されていた。愛知川宿からの人馬継立の賃銭は表14のとおりである。

その助郷は、土橋、渡辺、苅間、大門《だいもん》、長野、川原、中宿《なかじゅく》、沓掛《くつかけ》、市村、豊満、東円堂《とうえんどう》、矢守、島川、平居、畑田、栗田、簗瀬《やなぜ》の一七組にわけられていた。

宿の少し北を流れる愛知川は、たびたび洪水をおこした。普段橋は架けられていず、川越人足によって川を越していたが、幕府の公用通行の時や大名通行に際しては橋が臨時的に架けられた。文政一二年（一八二九）には、成宮次右衛門が架橋を計画し、天保二年（一八三一）に完成。この橋を渡るのに橋銭をとらなかったので、無賃橋と呼ばれた。

現在の愛知川宿のまちなみは、国道八号のすぐ東に平行しており、かつては商店街として賑わいをみせていた。宿場当時の面影はほとんどなく、明治になって天皇の安在所となった竹平楼《たけへいろう》が往時の名残を伝えている程度である。宿の中ほどには宿場をイメージするポケットパークなども設けられている。

また、中宿の歴史を知る会などの活動もあり、中山道（愛知川宿）の街道沿いに発展してきた中宿の歴史を知り、それを次の世代に伝えていく活動をおこなっている。

次宿へ長丁場の宿場・武佐宿［近江八幡市］

武佐《むさ》宿は、中山道六十六番目の宿場。宿の入り口に鎮座する八幡十二神社にある記録から、徳川家康の中山道の整備にあたる慶長七年（一六〇二）ごろに、街道沿いに家居を移して宿のまちなみが整えられたと考えられる。

この武佐宿が宿駅としての役割を担ったのは古く、『東関紀行』には、仁治三年（一二四二）八月十三日、作者が武佐寺付近に宿泊した記事がみえ、すでに鎌倉時代には宿の機能をもっていたと考えられる。記事に見える武佐寺は、長光寺町にある長光寺のことであり、その後も応永二十五年（一四一八）三月、京都から濃尾地方へ下った正徹《しょうてつ》は『なくさめ草』に「むさの宿とかやを過て、ゑち川にかゝり侍る」と記している。さらに永禄元年（一五五八）の『実暁記』には、京都から鎌倉への宿次に、鏡から武佐へ一里、武佐から蒲生野へ二里と記している。

このほか、文和二年（一三五三）九月、翌三年十二月、康安元年（一三六一）十二月と三度にわたり、足利尊氏・義詮父子に奉じられた後光厳《ごこうごん》天皇も武佐に逗留しているが、「武佐宿行宮」が長光寺であったことが『皇代略記』にみえ、江戸時代以前から武佐は宿駅の機能を有していた。

江戸時代の武佐宿は、天保十四年（一八四三）の『中山道宿村大概帳』によれば、八九〇石九斗二升六合二勺であった。「天保郷帳」では武佐宿が二〇三石六斗五升三合、長光寺村が六八七石二斗

歌川広重画「木曽海道六拾九次・武佐」

七升六合二勺となっており、武佐宿と隣接する長光寺村を合わせた高がほぼ宿高となっている。まちなみは八町二四間余りで、東から地下《じげ》町・仲町・西町・長光寺町からなっていた。

宿の人口は寛政十二年（一八〇〇）に六六〇人を数え、男女別の構成は、武佐町方が男一七二人、女一七一人、長光寺町方が男一六二人、女一三五人である。翌十三年の宿内家数は一五二軒を数え、七四軒が武佐町方、七八軒が長光寺町方であった。宿の人々は旅人相手の旅籠屋を営むもののほか、宿内で煮売茶屋などが二五軒、それ以外は田畑を耕作し農業に従事するものであった。

本陣は一軒、脇本陣が一軒、いずれも武佐町にあった。一般の旅人が休んだり、泊まったりする旅籠屋は五九軒を数えた。また、人馬継ぎ立てなどの機能を掌る問屋場二カ所、武佐町と長光寺町にそれぞれあり、中山道規定の五〇人・五〇疋の人馬が常置された。『中山道分間延絵図』によれば、宿の江戸側、京都側の入り口ともに、石垣の上に柵を築いた見付が設けられていた。また、幕府や領主からの触書を掲げた高札場は、宿の江戸側の入り口西側に設けられ、石垣で基礎を築き、その上に柵で囲んだ高札を掛ける屋根付の櫓《やぐら》が組んである。規模は享和元年（一八〇一）の「御分間御用明細書上帳」では、高札が立っている石垣を含んだ高さが一丈五尺二寸、長さが一丈三尺五寸、横幅六尺二寸とみえ、高札は七枚描かれている。高札は、街道筋では一般的に、正徳元年（一七一一）の①親子兄弟札、②切支丹、③禁制札毒薬禁止札、④火付盗賊札、⑤徒党禁止札、⑥駄賃札と、天保十二年（一八四一）の駄賃割増札であったが、武佐宿の場合、江戸側入り口の高札場には、正徳元年（一七一一）の高札六枚が掲げられていた。その六枚は、親子兄弟札、切支丹、禁制札毒薬禁止札、火付盗賊札、徒党禁止札、武佐よりの駄賃札で、板札への墨入れは「「地頭所」がおこなっていた。また、高札場の維持管理は宿でおこない、修理の必要が生じたときに領主に届け出て、入用金など援助を求めた。

武佐宿の本陣は西町にあり、下川七左衛門家が勤めていた。建坪二六二坪余り、玄関は門構、高塀があったと記されている。同家の系譜等については詳らかではないが、一般に中山道筋でも本陣が整備された寛永年間ごろには、すでに本陣職を務めており、明治五年（一八七二）の宿駅制の廃止まで代々続いたが、現在では表門と庭園、土蔵などを残すのみである。

一方、脇本陣は下町にあって、建坪六四坪余りで奥村三郎右衛門家が勤めていた。旅籠屋は、享和元年（一八〇一）に、旅籠屋は五九軒とあり、その内訳が武佐町に四二軒、長光寺町に一七軒で、

武佐宿本陣表門

天保十四年（一八四三）になると二三軒に減っている。その二三軒は規模によって大六軒・中八軒・小九軒に分けられていた。大・中・小の分類は、表間口五間以上が大旅籠、四間前後が中旅籠、三間以下が小旅籠に分類されていたといわれる。

荷物の継ぎ立てを担う問屋場は宿内に二カ所あり、月のうち前半一五日は武佐町の問屋場で、後半一五日は長光寺町にあった問屋場で事務をおこなっていた。問屋場の役人は『中山道宿村大概帳』によれば、問屋二名、年寄（兼帳付）二名、馬指二名、人足指（人足配）二名が一五日交代で務めていた。正徳元年（一七一一）に江戸須原屋茂兵衛から版行された『木曽懐宝図鑑』には、武佐宿問屋として弥五右衛門の名が見えている。

江戸時代の宿場では、公用旅行者に対して人馬の提供をおこない、荷物を継ぎ送ることが重要な任務であった。これは「馬役」と「歩行役（人足役）」

という伝馬役という負担によって賄われていた。武佐宿の場合、享和元年（一八〇一）には、御定人馬五〇疋・五〇人、うち五疋・五人が囲人馬と記されており、この人馬は、「武佐町、長光町組合持立」であった。

宿場における常置人馬数は、時期によって変動があり、東海道の一〇〇人・一〇〇疋に対し、中山道が制度として五〇人・五〇疋と定まるのは、おおむね寛文から延宝期（一六六一～八一）である。しかし、各宿の事情もあり、その対応はまちまちである。たとえば、延享三年（一七四六）十一月、守山・武佐・醒井三宿の問屋から京都町奉行へ出された願書によると、中山道筋では前々より二五人・二五疋で勤めてきたが、道中奉行から「五拾人五拾疋之処、是迄宿助郷とも心得違ヒ罷り在り候」と指摘を受けた（『米原町史』資料編所収資料）。つまり、制度として確立された中山道筋の常置人馬五〇人・五〇疋が、武佐宿などでは延享年間（一七四四～四八）まで約一〇〇年もの間、実際は二五人・二五疋で勤めてきたのである。しかし、このとき以降は、中山道筋の各宿では五〇人・五〇疋の確保を原則としたのである。

表15　武佐宿の人馬賃銭　正徳元年（1711）

	愛知川～武佐	武佐～守山
荷物一駄	106文	145文
乗掛荷人共	106文	145文
軽尻馬一疋	67文	92文
人足一人	50文	71文

武佐宿の御定賃銭は、表15のとおりである。愛知川宿までが二里半、守山宿までが三里半で、守山宿まで一里ほど距離が長い分賃銭も高かった。この賃銭は板札に記され、宿の高札場に掲げられていた。このときの賃銭が基準となり「正徳の元賃銭」と称し、以後は何割増しという形で示された。正徳元年

（一七一一）以来、最初の賃銭の割増しが認められたのが、安永四年（一七七五）のことである。宿駅の困窮がひどくなったため、この年の五月から、東海道をはじめ、中山道宿駅の人馬賃銭の七カ年間増額が認められた。この増額は天明元年（一七八一）に切れ同年十二月には元賃銭に戻ったが、天明五年七月からふたたび増額が認められ、七年間二割増しとなった。

その後の割増しは、寛政十年（一七九八）に翌十一年から一〇カ年間一割五分増しとなり表15、この増額は文化五年（一八〇八）に期限が切れるはずであったが、文化六年正月から文政元年（一八一八）までの一〇カ年間、文政二年正月から同十一年十二月までの一〇年間、さらに文政十二年（一八二九）正月から天保九年（一八三八）十二月までの三回にわたって延期された。

また、安政五年（一八五八）の定書では、当年より五カ年間、これまで一割五分増しであったうえに、三割増しとし、合わせて四割五分増しと割増しの幅も大きくなっている（『近江蒲生郡志』）。この割増金のうち、約半額については宿駅助成の刎銭として充てられていた。

武佐宿には五〇人・五〇疋の人馬が常置されていたが、次第に通行量の増加に伴い、宿駅の常置人馬だけでは不足し、荷物の継立に支障をきたすようになった。周辺農村に対して「助郷」と称して臨時的に人馬の提供を要請した。しかし、元禄年間（一六八八〜一七〇四）には、常置人馬の不足がすでに慢性化し、元禄七年（一六九四）に、幕府道中奉行が助郷を指定している。

武佐宿では、元禄七年の大助郷として、友定村、西宿村など二二カ村が指定されている。その村名と助郷勤高を示したのが表16である。助郷に指定された村々は、おおむね宿を中心に三キロメートル圏内で、出仕するのに宿までは余り時間を要しなかった。また助郷勤高は各村の村高に等しいか、これより若干少ない高である。村高と助郷高に大きく差が見られるのは、友定村と野田村、長田村である。このうち友定村と野田村では、「正保郷帳」の村高が五一八・〇石、五五六・八石であるので、この村高が助郷高となったと考えられる。

表16　元禄７年（1694）武佐宿大助郷
「享和元年御分間御用明細書上帳」（平尾家所蔵文書）より

	村名	助郷高	村高	武佐宿への里程
1	友定村	518石	518石	隣村
2	西宿村	484石	484石５斗９升	隣村
3	上田村	1732石	1736石７斗７升	14丁
4	長福寺村	292石	323石２斗８升１合	12丁
5	千僧供村	1051石	1044石２斗１升１合	20丁
6	岩倉村	296石	296石７斗１升１合	18丁
7	馬渕村	2321石	2319石６斗８升１合	25丁
8	倉橋部村	378石	378石５斗７升	25丁
9	下羽田村	812石	812石２斗６升	25丁
10	上平木村	1335石	1335石８斗	20丁
11	下平木村	181石	181石８斗３升	8丁
12	西生来村	899石	899石６斗５升２合	村続
13	西老蘇村	416石	407石１斗９升３合	12丁
14	東老蘇村	686石	686石７斗３升５合	20丁
15	中屋村	735石	735石６斗５升	19丁
16	小中村	332石	332石９升	25丁
17	慈恩寺村	523石	523石３斗１升７合	18丁
18	長田村	887石	891石８斗２升	12丁
19	杉森村	277石	292石３斗７升	25丁
20	大手村	200石	200石	18丁
21	野田村	575石	575石４斗５升	12丁
22	御所内村	684石	713石５斗７升５合	5丁
	計22カ村	15,614石		

ちなみに、元禄七年に大助郷となった二二カ村の人馬入用を、宝永六年（一七〇九）まで一六年間にわたって整理したのが表17である（久郷家文書）。元禄七年には一三貫であったが、宝永年間（一七〇四～一一）に入るとその入用は三七貫と大幅に増加している。

武佐宿では早くから人馬継立では困窮しており、定助郷のうち最寄りの村々へ差村を願い出て何とか凌いできたが、助郷の追加をなかなか認めてもらえなかった。文化元年（一八〇四）にいたって、御用上席御代官の稲垣藤四郎、上野四郎三郎の手代へ遣わして加宿を願い出たのである。そのとき加宿として追加を願い出た村々は、内野村、石寺村など一〇カ村。助郷高は四六三一石、文化二年から文政七年（一八二四）まで二〇カ年の期限を限った増助郷であった（立教大学所蔵西宿村文書）。武佐宿の助郷は、それまでの定助郷高一万五六一四石とあわせて二万二四五石となった。

街道筋では、人馬の継立をめぐって宿と助郷の確執は少なからずあった。宿方、助郷方いずれもが困窮していったのが原因であるが、助郷方ではとりわけ農民渡世の困窮を理由に、頻繁に助郷免除や休役を願い出た。幕府は宝暦八年（一七五八）四月十六日に、道中奉行名で「人馬触当方規定」を宿々へ下して、助郷村から免除願いや休役願いが多く出されるのは、宿の取り計らいがよくないためであるとしている。武佐宿では、享和二年（一八〇二）九月、助郷二二カ村との間で、人馬継立をめぐって訴訟沙汰を起している。道中奉行に宛てて提出した双方の内済趣意書によると（同前）、次のような内済をおこなっている。武佐宿では、常置人馬を規定どおり五〇人・五〇疋を置いており、そのうち、東海道筋の宿駅に準じて五人・五疋を囲馬としている。すでに、元禄十三年（一七〇〇）、武佐宿と助郷二二カ村が立会いにて取り決めをしており、武佐宿の御定人馬二五疋・二五人（同前）。御朱印伝馬人足の儀は、二六疋・二六人を助郷より負担。郷人馬入用は員数日切にして通い記すといったことであった。

本来は、宿人馬を使い切ったのちに助郷負担となるべきであるが、宿人馬を使い切るまでに助郷への負担を求めていたようである。そこで亥（享和三年）二月一日からは、四五人・四五疋を使い切ったうえで助郷へ申し付けること。布荷・木綿荷・糸荷など一一種類の商人荷物は日〆帳へ差し加え、助郷負担として継ぎ送るのではなく、稼馬として継ぎ送ること。御朱印、御証文並びに無賃の人馬は宿方で勤めること。これらを申し合わせ、助郷惣代が昼夜を問わず問屋場へ詰めて立会い、宿人馬の立ち払いを見届けた後で助郷へ申し付けるなどを取り決めている。

表17　元禄7年（1694）～助郷人馬銀

久郷家文書より

年号	入用
元禄7（1694）	13貫69匁5分1厘
元禄8（1695）	12貫897匁9分
元禄9（1696）	13貫179匁6分
元禄10（1697）	19貫741匁8分
元禄11（1698）	17貫872匁
元禄12（1699）	10貫95匁9分
元禄13（1700）	20貫741匁
元禄14（1701）	17貫536匁8分4厘
元禄15（1702）	17貫592匁2分9厘
元禄16（1703）	20貫947匁7分4厘
宝永1（1704）	41貫567匁6分
宝永2（1705）	18貫680目6分
宝永3（1706）	22貫318匁9分1厘
宝永4（1707）	21貫450目2分
宝永5（1708）	32貫86匁8分7厘
宝永6（1709）	37貫114匁4分8厘

　元禄期（一六八八～一七〇四）から武佐宿の助郷を勤めてきた長福寺村と、文化二年（一八〇五）に新たに増助郷として加わった浅小井《あさごい》村が、文政四年（一八二一）になって清水鼻《しみずはな》、川並、金堂《こんどう》の各村を代助郷として差村している（『五個荘町史』）。その翌年に

は馬渕村が休役を願い出た。その代わりに指定された石馬寺《いしばじ》村、金堂村など八カ村が武佐宿の代助郷として二〇年間指定されることになった。馬渕村助郷高二三三二石のうち、休役一六二五石分が八カ村に分担され、石馬寺村は八七石、金堂村は一九五石が割り当てられた。

安永九年（一七八〇）、伝奏《でんそう》様・堂上《どうじょう》様の関東御下向に際して、人馬が夥しく必要となり、武佐宿・助郷ともに難渋している。京都まで出向いて前後の宿へ振り分けを願っているが、なかなか聞き届けてもらえない。およそ二千二、三百人不足し、助郷人足一二〇〇人より勤めなければならないが、まだ一〇〇〇人ほど不足するので途方に暮れているというのである。そこで、雇賃を何とか貰えれば雇馬をもってこの御用向きを滞りなく勤めることができる（立教大学所蔵西宿村文書）。このように助郷負担としては困窮していても、雇馬で賃銭を支払って継ぎ立てることは可能であった。

このほかにも、宿駅と周辺農村とのいさかいは少なからず存在した。文政十一年（一八二八）、宿駅以外で旅人を泊めてはいけないが、これを破って鏡村（竜王町）では「旅人止宿専渡世同様」にするものが見受けられるとして、武佐宿が鏡村を訴えた。鏡村では「道中奉行様より仰せ付け為され候通り、行暮れ足痛計りの止宿」であるといっているが、この結末は不明である（『竜王町史』下）。しかし、街道を行く旅人にとっては、違法であるとは知りながらも、宿場内の旅籠料の高い旅籠屋で宿泊するより、周辺の農村で安く泊ることができればそちらを望むものもおり、需要と供給の関係が成り立つことから、こうした問題は各地でしばしば起こっている。

街道に沿う村々では、助郷の負担とともに、夫役として割り当てられた掃除丁場があった。これは、公用旅行者などの通行に際し、街道近くの村人が出仕して道路の整備や盛砂をおこなうもので、江戸時代の五街道をはじめとする主要街道に適用された。街道が通っている村が村内の街道を自ら担当することを「居村丁(町)場」といった。武佐宿は往還の長さ五〇四間余りを宿が掃除丁場を受け持っていた。愛知川宿から武佐宿、武佐宿から守山宿の掃除丁場を示したのが表18である。

愛知川宿と武佐宿間は距離が長いこともあって村数は多い。また、武佐宿から守山宿間では、街道が通る村が直接街道の整備をおこなう居村丁場がほとんどであった。

こうした掃除丁場は、街道から離れた村では、助郷の夫役とともに村々にとって大きな負担となるものであった。

嘉永二年(一八四九)九月、十三代将軍徳川家定へと嫁ぐこととなった一条忠良の養女、寿明宮《すめのみや》の下向に際して横関川に仮土橋の架橋が命じられている。このとき架橋された橋の長さは延べ四〇間であった。架橋に要した入用は、長さ一丈六尺、末口七寸の松杭一二本、五寸釘一二〇本、並木杉丸太八〇本、俵二五〇本などの材料代と、大工手間一三七人、木挽手間一三人、人足八一〇人など銀にして四貫九八四匁三分七厘である(立教大学所蔵西宿村文書)。これらの入用は、村高に応じて、銀は一〇〇石につき五七匁四分二厘、人足は一〇〇石につき九人九分七厘二毛九六余りが、それぞれ加助九カ村に割り振って負担させられた。東村では銀三〇六匁九分一厘・人足五三人三分五毛、池田村では四九九匁六厘・人足八六人六分七厘九毛、須恵村では銀二四四匁一毛・人足四二人三分七厘九毛、信野村では銀二一七匁七分九厘一毛・人足三七人八分二厘七毛、弓削村では銀六三四匁

表18　愛知川宿～武佐宿間の掃除丁場

村　名	距		離
矢守村	片側　12間余	同　42間	
磯部村	片側　4間余		
市村	56間余		
嶋川村	70間余		
長塚村	14間		
西菩提寺村	11間		
勝堂村	24間余		
南菩提寺村	12間余		
清水中村	12間余		
北清水村	12間余		
野々目村	21間余		
栗田村	36間余		
北菩提寺村	25間余		
豊満村	50間		
小池村	66間余		
東円堂村	75間余		
小田前村	75間余		
川曲村	15間		
簗瀬村	27間余		
中村	93間余		居村町場
小幡村	259間余		居村町場
長村	14間余		
中岸本村	19間余		
南清水村	24間余		
苅間村	15間余		
大清水村	23間余		
平居村	29間余		
畑田村	22間余		
北庄村	28間		居村町場
石馬寺村	16間余		
金堂村	59間余		
位田村	89間余		居村町場
北村	16間余		
市田村	西側　25間	片側　171間余	居村町場
七里村	片側　27間余		
三俣村	片側　108間余		
木流村	片側　10間		
奥村	38間余		
下野村	69間余		
新堂村	35間		

村　名	距　　　離		
市田村出郷北町屋分	202間余		
石塚村	144間		居村町場
平坂村	片側　24間		
山本村	56間余		
山本村	片側　116間		
伊野辺村	52間余		
瓦屋寺村	16間余		
辻村	13間余		
宿村	15間余		
脇村	26間余		
今里村	24間余		
野口村皮田	6間余		
山本村	116間		居村町場
清水村	240間		居村町場
石寺村	648間		居村町場
東老蘇村	457間		居村町場
西老蘇村	351間余		居村町場
西生来村	573間余		居村町場

武佐宿～守山宿間の掃除丁場

村　名	距　　　離		
友定村	504間余		居村町場
西宿村	315間余		居村町場
上田村	314間		居村町場
長福寺村	53間		居村町場
千僧供村	334間		居村町場
馬渕村	369間余		居村町場
東横関村	532間余		居村町場
	13間		桐原郷・加茂庄10カ村町場
西川村	43間		居村町場
西横関村	530間		居村町場
鏡村	596間		居村町場
大篠原村	1074間		居村町場
入町村	右片側　131間		居村町場
小堤村	394間		居村町場
辻町村	402間		居村町場
桜生村	552間余		居村町場
小篠原村	685間		居村町場
行合村	220間		居村町場
野洲村	711間		居村町場

二分九厘一毛・人足一一〇人一分六厘七毛、上畑村では銀一三四匁四分六厘八毛・人足二三人三分五厘五毛、安養寺村では銀二八五匁七分二厘二毛・人足四九人六分二厘二毛、中小森村では銀二貫三八匁六分二厘八毛・人足三五四人七分七厘九毛、そして竹村では銀三〇二匁七分五厘三毛・人足五二人五分八厘三毛である。上畑村や中小森村ではそれぞれ三給、五給支配の村ではあるが、架橋の入用について、それぞれ支配領主ごとの内訳を記していない。しかし竹村においては、先にあげた銀と人足の入用をさらに支配領主ごとに内訳を記している。一尾岩之丞が銀一五一匁三分一厘三毛・人足二六人二分六厘六毛、渡辺備中守が七五匁六分八厘六毛・人足一三人一分三厘、柘植三蔵が銀七五匁六分八厘六毛・人足一三人一分三厘であった。

このほか、琉球使節の通行に際しては、朝鮮通信使の通行などと同様に、沿道諸村から、多くの人馬徴集がなされた。享保二年(一七一七)の琉球人帰国に際して、近江国内の中山道筋各宿駅と濃州今須宿の高役掛を書上げている(八幡市立図書館所蔵八幡記録)。近江一国の国役高掛り高は、御料・私領ともで七七万四一八九石七斗六升一合三勺。これから山門《さんもん》領や三井寺《みいでら》領門跡方など六万三一五六石三升五合五勺を除高として、人馬賃新金子一三七三両と銀一匁四分四厘。これは高一〇〇石に新銀一〇匁六分四厘一毛であった。この高は、守山・武佐・愛知川・高宮・鳥居本・番場・醒井・柏原と濃州今須の問屋馬から差し出された帳面を吟味して決められたものである(同前)。またこれ以外に、近江国内の朽木《くつき》和泉守知行所に六〇二三石九斗二合二勺三才で、大工高引、草津宿助郷高役引、八幡町高役引を、それぞれ引いて四四八三石三斗三升三合七勺三才に役高が掛り、この新金七両三分と銀一二匁七厘が課された。享保十五年(一七三〇)の通行では、近江一国の国役高掛り高は、七七万四二〇八石一斗八升二勺。人馬賃金が三一八一両一分、銀六匁七分一厘で、高一〇〇石に付き金一分、銀九匁六分四厘七毛余りであった(『近江蒲生郡志』巻八)。

また、享保五年(一七二〇)の通行では、琉球人の通行の入用を記した記録がある(立教大学所蔵西宿村文書)。入用金は、合わせて金二八一両一分二朱と銭二七〇文に上っており、問屋役人への賃銭や人足賃銭などが中心である。これらを武佐宿助郷二二カ村に割り当てて負担させている。

武佐宿の場合では、寛延元年(一七四八)十一月二十日の通行では、馬一二七疋、人足九五〇人が徴発されている。文化三年(一八〇六)の琉球人参府に際して、蒲生郡竹村や西宿村に人馬継立方入用銀が支払われている。竹村では掛り高一三二石八斗一升五合、高一〇〇石に対して一六匁三分掛けで、銀二一匁四分八厘六毛が(立教大学所蔵西宿村文書)、また西宿村では、掛り高八六石三斗五升に同様の掛け高で、銀一四匁七厘五毛が(同前)、それぞれ支払われている。

延享五年(一七四八)、九代将軍家重の襲封《しゅうほう》祝賀のための通行が近江を通っていった。一行は四七七人、うち一一〇人は大坂残留である。この通行に先立ち、東海道、美濃路の江戸より京、京より淀までの宿駅に対して人馬調達が触れられた。武佐宿では直接の通行はないものの、守山宿への人馬負担が命じられている。このとき宿々へ命じられた人馬数は、通信使のための人足二六〇人と荷物馬六〇〇疋、中官以下の乗馬一八七疋。そして案内役を務めた宗対馬守への人足二〇〇人、馬三〇〇疋、通司などの荷馬が三六疋と四六疋で、合計人足四六〇人、馬一一六九疋であった(立教大学所蔵西宿村文書)。

この通行の前年延享四年には、正徳元年(一七一一)の来朝の時のように、通行に際して、道筋やその近辺の村々では、御料・私領を問わず御用人馬差し出しについて、守山宿へ宿や助郷人馬を差し出し、その不足分は近在より調達することや、宿役人、助郷村の村役人が守山宿へ詰めて指図を得ることなどが触れられた(立教大学所蔵西宿村文書)。

これ以外にも、宿や助郷の差し出したあとの不足分は一〇里以内の村々が差し出すことや、増人馬が必要な場合には追割りをするので覚悟しておくこと、差し出す人馬は「能き馬撰び出」すこと、一村より才領を差し出すことなどを指示している(同前)。また、来朝の三日前には人馬を集め、吟味した上で差し出すこととするが、人馬のうち「老人・童又は病身」は除き、馬も「弱馬・癖馬・女馬」などを除くこととしている。

このときの通行は、四月二十日夜に大坂へ着船。二十六日大坂を出立する予定であったが、延引して五月朔日に出立、淀の泊り。そして二日淀を出て、京都へ到着。三日に京都を発って守山泊りの予定であったが、にわかに大津泊り。四日には守山で泊っている。五日には守山を出て、八幡休み、彦根泊りであった。助郷人馬は、五月二日に守山宿矢来詰当村掛りの人足八名、才領に彦作を遣わす。このときの人足飯米は、一人前について米京枡二斗二升五合ずつ、もっとも二日夕、三日の朝・昼・夕、四日の朝・昼の六度分の飯米が一度につき四合ずつが遣わされた。また、助郷中が一所に集まり、郷中より飯炊き人足十人も徴集された(同前)。武佐宿助郷に課せられた人馬は、人足三四〇人・馬一七六疋で、高一〇〇石に付き人足二人二分三毛、馬一疋一分四厘であった。しかし、これに先だち武佐宿では人馬数が不足するので、大助郷二二か村の庄屋中に宛てて、不足分の負担を願っている(同前)。

現在、武佐宿のまちなみは本陣の表門が残るほか、小学生の手によって宿場の遺構を紹介する木札が取り付けられている。家並みは宿場当時のものは少ないが、新旧の建物が連続してまちなみを形成しており、かつての宿場の雰囲気は残る。

中山道最後の宿場・守山宿［守山市］

江戸日本橋を起点とする中山道。その最終六七番目の宿場が守山宿である。『五駅便覧』によれば、中山道の道のりは一二九里一〇町八間で、江戸より草津まで馬次六十七宿とある。したがって道のりは草津宿で東海道に接続するが、宿場としてはここ守山宿が最終の宿場となる。京都から江戸へと下る場合、「京立ち守山泊り」といわれ、京都から一日の行程にあるのがここ守山宿である。

その守山宿は、すでに鎌倉時代初期の『平治物語』に「近江森山宿」の名がみえている。そして、弘長二年(一二六二)、叡尊の『関東往還』に「湖上無風波之難、着山田津、於守山宿儲茶」と、守山宿で茶の接待をしたことがうかがえる。また、東福寺の徴蔭《ちょういん》は、「一村里にて市女商人の物さはがしきのみなり」と記している。このように守山は、中世段階から紀行文などにその名が散見され、宿としての機能を少なからずもっていたことが推察される。

織田信長は、永禄十一年(一五六八)九月、足利義昭を奉じて京都へ上洛する途中、次のような禁制を下している(『守山郷土誌』)。

禁制　　守山
一、当年軍勢濫妨狼藉之事
一、陣取放火之事
一、伐採竹木立毛苅取之事
右条々於違犯之輩は速厳科に処す可き者也
永禄十一年九月日
弾正忠

これは、守山の地を信長の保護下に置き、自らの掌中に収めたことを意味するものであった。さらに、信長が本能寺で倒れたのち、『駒井日記』文禄三年(一五九四)正月二三日条には、豊臣秀吉が京都から尾州清洲《きよす》までの継ぎ送り御用の人馬を仰せ付けており、宿送りの地として、京都、大津、勢田、そして守山の名が見えている。

その後、徳川家康のもと中山道が整備されるが、守山に宿駅としての制札が下されるのは寛永十九年(一六四二)のことである。

天保十四年(一八四三)の『中山道宿村大概帳』によって守山宿の概要をみると、宿のまちなみは一一町五三間余り。これは後に触れるが「加宿共」とあって、吉身、今宿を含んでの規模である。家数は四一五軒、本陣が東町と中町に、脇本陣が西町にあった。旅籠屋は三一軒で、大七軒、中一二軒、小一一軒を数えた。人馬継立の問屋場は本町に二カ所、中町に一カ所、計三カ所あった。

さて、先の加宿であるが、これは宿場の負担を軽減するために、宿で常備する人馬の一部を負担する村や町のことで、この守山宿の場合は、宿の北に続く吉身村と、南に続く今宿村が守山宿の加宿であった。吉身、今宿両村が加宿となった時期は定かではないが、正徳六年(一七一六)の「中山道守山助郷帳」に、守山宿助郷村として両村名がみえないことから、守山宿と一体として考えられていたことから、このころには加宿となっていたのであろう。

宿場の高札場は宿の中ほどに一カ所、東門院《とうもんいん》北の街道が屈曲する部分にあり、人馬駄賃札など七枚の高札が掲げられていた。

守山宿の本陣は、文化十四年(一八一七)では宇野忠右衛門の一軒であったが、天保四年(一八二一)には宇野忠右衛門に加え、文化十四年に脇本陣を勤めていた小宮山九右衛門の名が本陣としてみえている。その規模は、東町の宇野忠右衛門家が建坪で一九七坪、中町の小宮山久右衛門家が建坪一七〇坪で、いずれも門と玄関を設えた立派な建物であった。

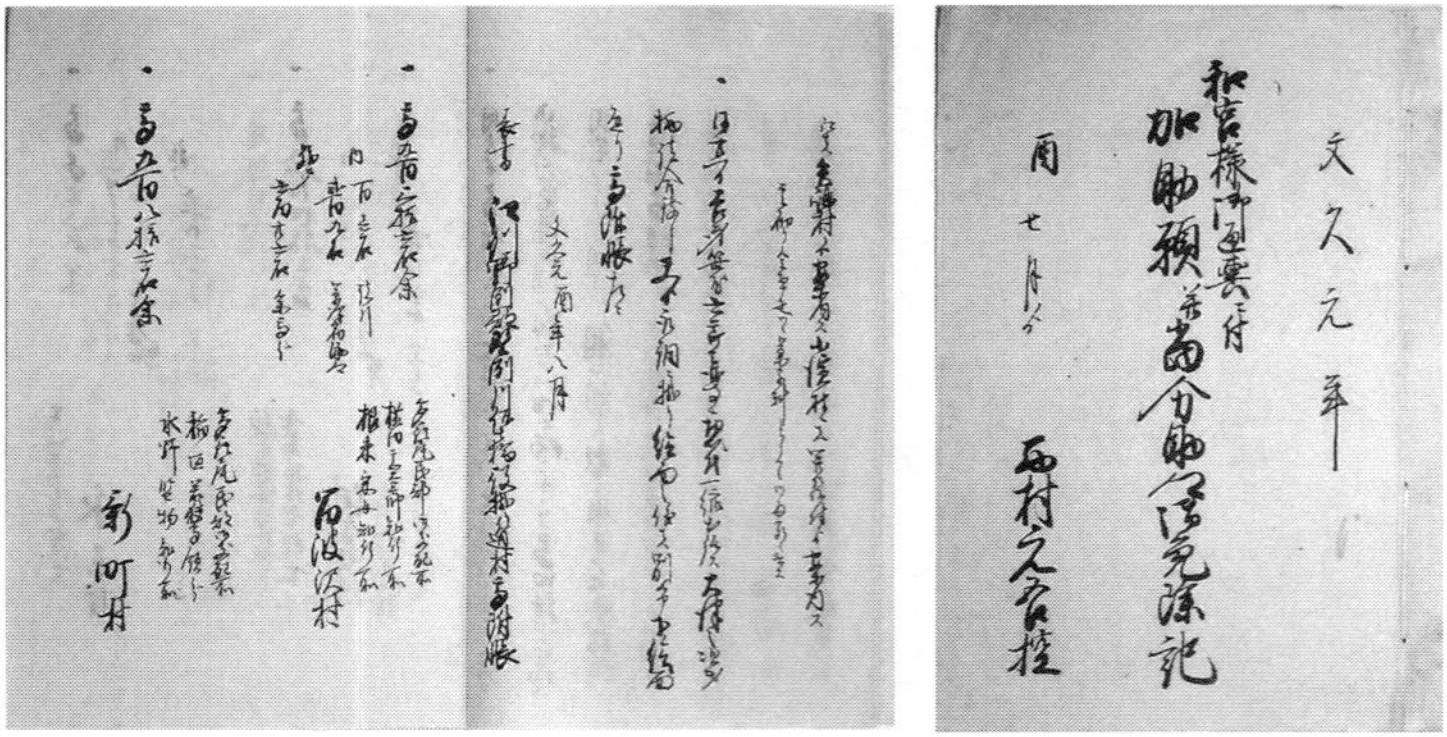

守山宿和宮加助郷（守山市蔵）

宿の人馬継立などの差配をはじめとする宿運営にあたった宿役人は、先に触れたように問屋場が三カ所あり、問屋一名、年寄一名、肝煎一名、馬指三名、人足差配二名がいた。延宝五年（一六七八）の絵図によれば、問屋として久兵衛、久右衛門、年寄が長左衛門、三郎左衛門、忠右衛門、甚兵衛、肝煎が久右衛門、吉右衛門、次郎兵衛、久左衛門の名前がみえる。その後、天保年間（一八三〇〜四四）には小宮山久右衛門が問屋役を勤め、本陣職と兼ねていた。三カ所あった問屋場は月替わりで勤め、問屋、年寄、そのほかの役人が一人ずつ詰めていた。

問屋場では、宿継ぎ人馬の差配などを主に掌っていたが、正徳元年（一七一一）に定められた継ぎ立ての賃銭は、武佐宿まで、荷物一駄が一四五文、乗掛荷人共同断、軽尻馬一疋が九二文、人足七一文であった。また上りの草津宿までは、荷物一駄が六一文、乗掛荷人共同断、軽尻馬一疋四〇文、人足一人三一文で、武佐宿より距離が半分ほどであるので、賃銭もその半分程度となっている。

なお、『東海道宿村大概帳』の東海道草津宿から守山宿までの賃銭とは齟齬がある。

宿の伝馬負担は高持百姓があたり、延宝五年（一六七七）の宿絵図からは、間口三～一四間が本役、歩役も同様に二～七・二間であり、負担が大きくなるにつれて加宿に分担させた。守山宿の場合、伝馬役の負担を水呑百姓も負担していた。この負担は、街道に面した屋敷に課され、間口六間で本馬役を勤めるとすれば、間口三間は歩役を勤めるのが通例であった。

延宝五年（一六七七）には、まだ加宿がなく、七七軒中本役が一八、半役以上が三二となっている。駄賃荷物の重量について、天和二年（一六八二）には荷物一駄四〇貫目、人足荷物は一人につき五貫目に限っている。また、この規定の賃銭以上に割増銀を取るものがあれば、本人はもとより問屋や年寄までの連帯責任となる旨を申し渡している。

中山道の宿場には公用荷物の継立のため、常置人馬五〇人、五〇疋が常置されていたが、守山宿の場合は、実際のところは二五疋が常置で、一五疋を本宿で負担、残り一〇疋を加宿で負担した。一〇疋のうち、吉身村が七疋、今宿村が三疋を負担していた。

この常置人馬で、不足する場合に助郷が指定されたが、守山宿の場合は宿場を中心に享保年間（一七一六～三六）に北中小路村をはじめ二五カ村が指定されている。

守山宿の助郷については、享保年間に二五カ村であったが、次第に交通量の増加と宿場の加宿などによって、文政七年（一八二四）には五七カ村に増加している。

守山宿の助郷村については、野洲川橋掛役なども兼ね、その負担は二重になっていた。

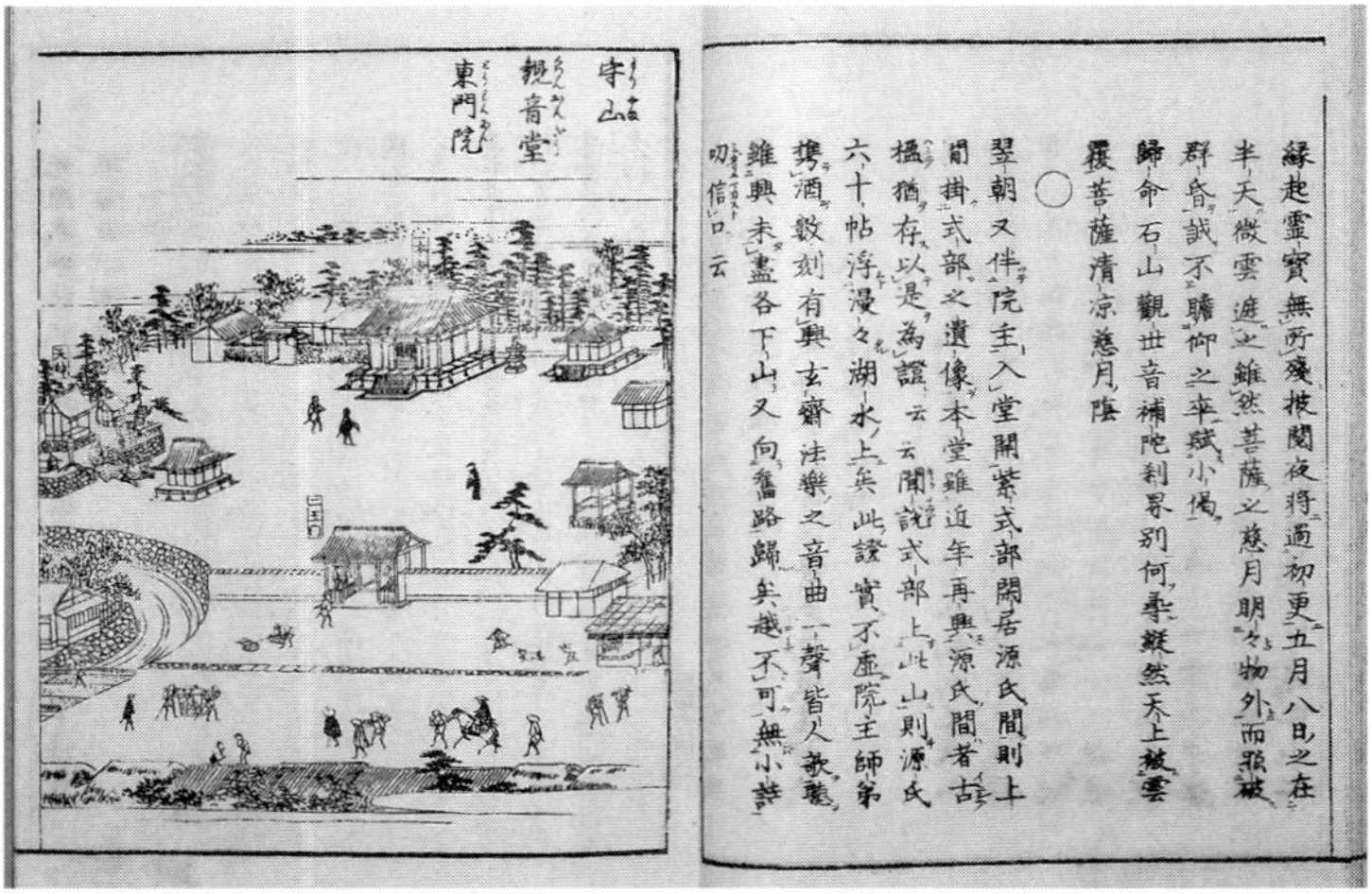

「木曽路名所図会」東門院

宿場内には、街道に面して仁王門が建つ守山寺東門院がある。寺伝によれば、延暦七年（七八八）に最澄が比叡山寺、のちの延暦寺を創建するのに際して東西南北の四境に門を構えた。その東の門に当たるのがこの地である。そして、延暦十四年（七九五）坂上田村麻呂が東征の際、仁王（金剛力士）に戦勝を祈願し勝利をおさめたため伽藍を建立したと伝えられている。そして、これが比叡山の東門として位置づけられ、「比叡山の東門として山を守る」ことから、守山と名付けられたといわれている。

東門院は、江戸時代に朝鮮通信使一行の宿所ともなった。かつては本堂の内陣脇の六畳間が「信使の間」と呼ばれ、「守山寺」と書かれた扁額が飾られていた。『木曽路名所図会』にも「守山　観音堂　東門院」として境内

甲屋あとの碑

が紹介されている。

東門院からわずかに北に進むと道が二股に分かれる。分岐点には道標が建つ。延享元年（一七四四）霜月の年紀があり、「右　中山道并美濃路」「左　錦織寺四十五町　このはまミち」と刻まれている。右手に進路をとれば、中山道の守山宿を通り武佐宿、愛知川宿と進んで美濃へと抜ける。左手に進めば、ここから北東約四キロメートル、野洲市木部《きべ》にある錦織寺《きんしょくじ》へとつづく。錦織寺は親鸞上人が常陸《ひたち》から京都に帰る途中、阿弥陀像を安置して念仏道場として開いた。のち浄土真宗に改宗、真宗木部派の本山として信仰を集めた。また、「このはまミち」は琵琶湖の湊としてにぎわった木浜への道筋を示したものである。

この道標が建つ場所には高札場があった。当時、高札場には街道を行く荷物の継ぎ立て賃銭をはじめ、触書類が掲げられていた。

現在、守山宿の中心部、街道の右手脇には、宿場町当時に防火雨水として用いられた井戸がある。そして、その隣に「甲屋の址」の石柱が建つ。「甲屋の址」の石碑は、謡曲「望月」に登場する「近江守山の甲屋」がこの地にあったことにより、大正年間に初代守山郵便局長がかつての本陣あとである自宅の前に建てたものである。謡曲「望月」は、望月秋長に追討された信濃国（長野県）の住人安田友治の家臣小沢友房が仇の情報を得るために守山に宿所を構えていたところ、偶然にも亡君の妻子が宿を求めてきた。さらに思いがけないことには、仇である望月秋長も宿に泊まりあわせたことから、三人が力を合せて秋長を討ち、本懐を遂げたというものである。この舞台となった宿屋のあととされている。

この「望月」を広く市民に知ってもらうため、民間団体などが能の公演などを開催している。また守山大市の復活や、宿場内に中山道街道文化交流館の設置など、かつての守山宿復活に取り組んでいる。

参考文献

児玉幸多編『近世交通史料集』四（東海道宿村大概帳）一九七〇　吉川弘文館
児玉幸多編『近世交通史料集』五（中山道宿村大概帳）一九七一　吉川弘文館
渡辺和敏『東海道の宿場と交通』二〇〇〇　静岡新聞社
深井甚三『江戸の旅人たち』一九九七　吉川弘文館
丸山雍成『参勤交代』二〇〇七　吉川弘文館
宇佐見ミサ子『宿場の日本史』二〇〇五　吉川弘文館
大熊喜邦『東海道宿駅と其の本陣の研究』（復刻版）一九七九　日本資料刊行会
淡海文化を育てる会編『近江東海道』一九九六　サンライズ出版
淡海文化を育てる会編『近江中山道』一九九八　サンライズ出版
アーネスト・サトウ『一外交官のみた明治維新』一九七九　岩波文庫

そのほか、県内の東海道、中山道沿いの市町が発行している市史および町史類を参考にさせていただいた。

協力者（敬称略）

草津市教育委員会・草津市立草津宿街道交流館・甲賀市市史編さん室・甲賀市水口歴史民俗資料館・湖南市教育委員会・湖南市石部宿歴史民俗資料館・史跡草津宿本陣・中山道ミニ博物館・守山市公文書館・太田三郎・田中文子・土山　洸・成宮健二・山内信頼・米田　実

あとがき

近世の東海道が整備され宿場が設けられたのは慶長六年(一六〇一)。それから四〇〇年余りの歳月を経て、自動車交通の発達しているなか、世の健康ブームの相まってか、街道歩きをする人々が増えている。私自身、仕事柄もあって街道や宿場を訪ねる機会が多く、これまでに東海道や中山道をはじめ多くの街道を歩き、宿場を訪ねてきた。時には、かつて歌川(安藤)広重らが描いた浮世絵の風景に出会うこともあった。実際に歩くことで、江戸時代の旅人の視点からさまざまなものが見聞でき、新たな発見も数多く、資料に記された歴史・文化を実感することができた。

近世の宿場町や街道交通については、これまで先学諸氏の研究もあり、実態が解明されてきている。しかしながら、その研究対象としてのフィールドは、江戸を中心に東海地方あたりまでで、なかなか近江にまでは至っていない。近年では近江でも市史や町史の編さんによって、新たな資料も発掘されてきている。

そうしたなかで、近江の宿場町の特徴が紹介できればと思い、まとめることにしたが、東海道五宿と中山道八宿をすべて均等に扱うことができなかった。これは、建前をいえば資料の残存状況の差であり、本音をいえば私自身が何らかの形でどこかに紹介したものがあるかどうかの差である。

それと紙幅の関係もあって、ということでご容赦いただければ幸いである。

本書をまとめるにあたり、ふり返ると、街道や宿場を訪ね、多くのものごとを見聞し、かつての歴史に触れたことは、街道や宿場を研究対象とするものにとって貴重な体験であったことはいうまでもない。そして、何よりも街道や宿場で、研究者だけではなく多くの人々との出会いがあったことは大きな財産となっている。出会いによっていろいろな事柄を多くの人々からご教示いただいた。これからも街道を歩き、宿場を訪ねて多くの資料を見聞して研鑽に励んでいきたい。

なお、街道を歩きながら本書をまとめることを勧めていただき、また巻頭に過分なる一文をお寄せいただいた木村至宏先生はじめ、いろいろとご教示いただいた一矢典子、岩間一水、大木祥太郎、松浦俊和、山本晃子、米田実の各氏にお礼を申し上げるとともに、いつもご無理なお願いを聞いていただいているサンライズ出版の岩根順子氏と、編集でお世話になった同社の矢島潤、藤井詳子両氏にお礼を申し上げるものである。

■著者略歴

八杉　淳（やすぎ・じゅん）

佛教大学大学院文学研究科修士課程終了。

草津市史編さん室、草津市教育委員会文化財保護課専門員を経て、現在　草津市立草津宿街道交流館副館長。

交通史研究会常任委員、近江地方史研究会運営委員。

主な著書に『宿場春秋』（角川選書・共著）、『近江の街道』（郷土出版社・共著）、『近江東海道』（サンライズ出版・共著）、『近江中山道』（サンライズ出版・共著）、『日本史小百科・宿場』（東京堂出版・分担執筆）、『近江の峠道』（サンライズ出版・共著）、『園城寺文書』第三～七巻（園城寺・分担執筆）など。

近江《おうみ》の宿場町　　淡海《おうみ》文庫43

2009年2月15日　第1刷発行　　N.D.C.216

著　者　八杉　淳

発行者　岩根　順子

発行所　サンライズ出版株式会社

〒522-0004 滋賀県彦根市鳥居本町655-1

電話 0749-22-0627

印刷・製本　P-NET 信州

ISBN978-4-88325-161-2　Printed in Japan　定価はカバーに表示しています。

淡海文庫について

「近江」とは大和の都に近い大きな淡水の海という意味の「近（ちかつ）淡海」から転化したもので、その名称は「古事記」にみられます。今、私たちの住むこの土地の文化を語るとき、「近江」でなく、「淡海」の文化を考えようとする機運があります。

これは、まさに滋賀の熱きメッセージを自分の言葉で語りかけようとするものであると思います。

豊かな自然の中での生活、先人たちが築いてきた質の高い伝統や文化を、今の時代に生きるわたしたちの言葉で語り、新しい価値を生み出し、次の世代へ引き継いでいくことを目指し、感動を形に、そして、さらに新たな感動を創りだしていくことを目的として「淡海文庫」の刊行を企画しました。

自然の恵みに感謝し、築き上げられてきた歴史や伝統文化をみつめつつ、今日の湖国を考え、新しい明日の文化を創るための展開が生まれることを願って一冊一冊を丹念に編んでいきたいと思います。

一九九四年四月一日